El gran libro de los récords

El gran libro de los récords

281 historias del fútbol español

Pedro Martín

© Pedro Martín, 2016

Primera edición: febrero de 2016

© de esta edición: Roca Editorial de Libros, S. L.
Av. Marquès de l'Argentera 17, pral.
08003 Barcelona
info@editorialcorner.com
www.editorialcorner.com

Impreso por LIBERDÚPLEX, s.l.u.
Crta. BV-2249, km 7,4, Pol. Ind. Torrentfondo
Sant Llorenç d'Hortons (Barcelona)

ISBN: 978-84-944183-2-7
Depósito legal: B. 28.621-2015
Código IBIC: WSJA

RC18327

Índice

Prólogo

por PACO GONZÁLEZ

Conozco a Pedro Martín desde que éramos niños, desde el colegio. No exagero si digo que con trece años hacía ya clasificaciones de todo. De todo significa de todo. Por ejemplo, nos poníamos a hablar de música y sacaba su cuadernillo con una lista de grupos musicales en la que mi grupo favorito (Dire Straits) estaba de los primeros, y que, lo recuerdo perfectamente, encabezaba Supertramp (supongo que su preferido). Y así con todo. Con el fútbol ya ni te cuento.

Creo que esa manía por ordenar y clasificar refleja una forma de ser, la de quien tiene muy claro cómo son las cosas y cómo deberían ser. ¡Qué envidia! Si hubiera sido ministro de Economía, seguramente seríamos el país más rico de nuestro entorno. Pero eligió su pasión, el fútbol.

De fútbol sabe una barbaridad, aunque, especializado en estadísticas y números, pueda parecer que solo sabe contar. No, no es un contador de ovejas, es un pastor que sabe, por supuesto, cuántas ovejas tiene, cuántas están mayores, cuántas van a parir, etc., y también sabe qué es lo mejor para su rebaño.

Pedro Luis Martín González, *Mastinete* para los compañeros de pupitre en los Salesianos, es una fábrica permanente de ideas. Si es sobre radio, te propone este concurso, aquel dato para un partido, esa idea para la web… Y si es sobre fútbol, te dice (y se lo dice a quien puede cambiarlo) cómo debería ser la página de la LFP, cómo debería jugarse una vez al año un partido Premier-La Liga (la única forma de ver juntos a Messi y Cristiano, algo histórico), cómo organizaría la Segunda B o la Copa del Rey. Le escuchas y piensas que es todo tan razonable, que los que mandan están totalmente locos si no le hacen caso. Si algún día nos lo quitan los de la Liga o los de la Federación, nos harán un agujero, pero arreglarán el fútbol.

De una mente tan ordenada y tan lógica, cabría esperar un libro como este. Imprescindible para los amantes del fútbol y los de la estadística. Pero también para los que admiramos su trabajo.

Pedrito, como le llaman en la redacción, fue compañero también en la Facultad de Periodismo; se buscó la vida en periódicos de información general, de distintas provincias y especializados en deporte. Y un día acabó en la radio, y volvimos a coincidir.

Para mí su trabajo es imprescindible. No entenderíamos el programa sin él; sin su curro y sin sus cabreos que, en realidad, no son tales. Muchos oyentes recordarán momentos en los que se pone terco en la defensa de una idea y se lía una buena trifulca en antena. Porque Pedrito no cede..., que se aparte el tren. Y cuando no estoy de acuerdo con su postura, siempre pienso: «¿Va a tener razón? Enfrente está la cabeza más ordenada de España». Pero no se lo digo, claro.

He tenido la suerte de ser su amigo desde siempre y su compañero desde casi siempre. Y ahora tengo el orgullo de prologar su primer libro. Espero que haya más, muchos más. Espero que les guste, tanto como él se lo ha currado.

Introducción

Sí. Cierto. Comprar un libro de estadístiscas de fútbol y luego intentar leerlo ya demuestra una fuerza de voluntad poco común. Por eso doy por hecho que todos (muchos o pocos) los que hayan decidido dar el paso son personas especiales, aficionados al fútbol que disfrutan tanto viendo un partido como descubriendo y analizando información, datos e historias que ayudan a comprender la dimensión de este deporte. Afortunadamente, cada vez son más los futboleros que sienten curiosidad y que desean ampliar sus conocimientos sobre los puntos de referencia que sirven para valorar mejor los acontecimientos presentes y futuros.

Gracias a que conocemos el pasado, podemos evaluar en su justa medida, por ejemplo, la magnitud del altísimo rendimiento que están ofreciendo en los últimos años dos jugadores como Messi y Cristiano Ronaldo. Ambos, relacionados con futbolistas contemporáneos, no tienen parangón, pero en la historia del fútbol casi siempre aparecen figuras que pueden aguantar la comparación. Ahora bien, para comparar hay que disponer de datos fiables y contrastados.

Eso es lo que brinda este libro de estadísiticas, basado en récords del fútbol español y en el que Messi y Cristiano Ronaldo no son los protagonistas principales (será mejor esperar a que pasen unos años para calibrar con perspectiva todas las marcas que van acumulando en su currículum). Evidentemente, sólo es un acercamiento parcial. Se describen varios cientos de récords de los miles que podríamos exponer si tuviéramos tiempo y espacio para ello. Ya habrá más oportunidades para seguir profundizando. No faltan los principales hitos dejados por la Liga española de Primera División en sus más de ochenta años de existencia, pero la elección no puede abarcar todos los apartados.

El libro se ha dividido en cuatro capítulos para agrupar temas (torneos, equipos, entrenadores y jugadores), aunque no son compartimentos estancos. Brotarán récords inviduales donde en principio deberían figurar sólo récords colectivos y al revés. Esta perdonable discreción, inevitable cuando se tratan asuntos intimamente relacionados, viene, sobre todo, provocada por la intención de embellecer los datos con anécdotas que valgan para digerir mejor una información compleja. El objetivo primordial, en definitiva, ha sido escribir un libro de estadísticas que resulte entretenido y que dibuje el contorno en el que se consiguieron las plusmarcas. Una vía poco explorada en este tipo de publicaciones.

Por eso, para aligerar, cada capítulo termina con unas deliciosas colaboraciones de Jon Rivas, Joseba Larrañaga, Enrique Ortego y Tomás Guasch en las que plasman su particular punto de vista sobre algunos de los temas tratados con anterioridad. Asímismo, se añadirán cincuenta preguntas por capítulo (desde muy fáciles a muy difíciles), para que el lector pueda calibrar sus conocimientos sobre fútbol, y cuatro retos para encontrar con diez pistas un estadio, un presidente, un entrenador y un jugador.

Los datos que aparecen en el libro están actualizados a fecha 22 de diciembre de 2015. Y algunos no coincidirán con los considerados habitualmente como oficiales, sobre todo en el asunto de los goles al variar su autoría aplicando un criterio u otro. Porque, entre otras cosas, este libro servirá para aclarar discrepancias que se arrastran desde hace décadas.

TORNEOS

Nueve campeones

*I*nglaterra: 23 campeones. Francia: 18 campeones. Italia: 16 campeones. Alemania: 12 campeones. España: 9 campeones. La Liga española, entre las cinco grandes ligas europeas, es la que cuenta con menos campeones. Solo nueve distintos después de ochenta y cuatro ediciones. Y Madrid (32) y Barça (23) se reparten el 65% de los títulos (55 de 84). Los otros veintinueve títulos de Liga han sido conquistados por Atlético de Madrid (10), Athletic (8, el último en 1984), Valencia (6), Real Sociedad (en 1981 y 1982), Betis (1935), Sevilla (1946) y Deportivo (2000). Nueve campeones de seis comunidades distintas. Nueve campeones de siete ciudades diferentes. Cinco equipos han sido subcampeones de Liga sin ser nunca campeones: Racing (1931), Las Palmas (1969), Zaragoza (1975), Sporting (1979) y Villarreal (2008).

Concentración

La concentración de títulos entre los dos grandes clubes del fútbol español ha aumentado con el paso de los años. Desde 1984 (año de la creación de la Liga de Fútbol Profesional), entre Barça (14) y Madrid (12) han ganado 26 de las 31 ligas disputadas (84%). Hasta ese momento habían ganado 29 de 53 (55%). Los cinco títulos restantes en este periodo han sido para Valencia (2), Atlético (2) y Deportivo.

El Madrid es el único equipo que ha ganado cinco títulos seguidos; logró la gesta en dos tacadas: al empezar los años sesenta y al terminar los años ochenta. El Madrid estuvo veinte años (17 temporadas) sin ganar la Liga, pero todo cambió tras el polémico fichaje de Di Stéfano en 1953. El

Barça solo ganó una Liga en veinticuatro temporadas entre 1960-61 y 1983-84, pero luego, al empezar los años noventa, fue capaz de ganar cuatro seguidas con Cruyff como entrenador, fichaje comparable en importancia al de Di Stéfano por el Madrid.

CINCO TÍTULOS SEGUIDOS

Quince jugadores participaron en cinco ligas seguidas ganadas por el Madrid. Seis en la tacada de los años sesenta: Bueno, Casado, Gento, Pachín, Puskás y Santamaría. Nueve en la tacada de finales de los años ochenta: Agustín, Butragueño, Chendo, Gordillo, Hugo Sánchez, Sanchís, Martín Vázquez, Míchel y Solana.

También Laudrup ganó cinco ligas seguidas, pero haciendo encaje de bolillos. El delantero danés fue estrella del Barcelona que conquistó los cuatro títulos seguidos al empezar los años noventa. Acabó «malamente» su relación con Cruyff después de la final de la Copa de Europa perdida ante el Milán en 1994 y, para más inri, fichó por el Madrid. Y también fue decisivo en el título que ganó el equipo blanco en la Liga 1994-95. Así las cosas, *talismán* Laudrup estuvo en el lado bueno en el 5-0 del Barça al Madrid del 8 de enero de 1994, y en el 5-0 del Madrid al Barça del 7 de enero de 1995.

DOCE TÍTULOS DE GENTO

Gento, *la Galerna del Cantábrico*, se retiró en 1971, pero sigue siendo el jugador que más veces ha ganado la Liga española (12) y la Copa de Europa (6). El veloz extremo izquierdo disfrutó de sus dieciocho temporadas en el Madrid para lucir un palmarés único.

Los cuatro jugadores que suceden a Gento en la lista de campeones de Liga también consiguieron sus títulos militando en el Madrid: Pirri (10), Amancio (9), Santillana (9) y Camacho (9 contando con el conseguido en la temporada 1978-79 sin jugar por lesión). Luego aparecen, con ocho títulos, tres madridistas (Di Stéfano, Bueno y Sanchís) y un barcelonista (Xavi).

El argentino Di Stéfano es el extranjero que más veces ha ganado la Liga española, ya con su compatriota Messi (7 con el Barça) al acecho.

CIEN PUNTOS

El Madrid 2011-12 y el Barça 2012-13 firmaron las mejores ligas de la historia de Primera. Ambos equipos llegaron a los cien puntos y a las treinta y dos victorias. El Madrid de Mourinho, tras lograr noventa y dos puntos en 2010-11 y quedarse a cuatro del Barça de Guardiola, acabó al año siguiente con la tenaz resistencia del equipo azulgrana ganando en el Camp Nou en la trigésimo cuarta jornada y llegó a los cien puntos rematando la Liga con siete triunfos.

En 2012-13, aún con Mourinho en el Madrid, pero con el relevo de Guardiola por Vilanova en el Barça, se cambiaron las tornas. El equipo azulgrana llegó a los cien puntos, en este caso a pesar de la escasa competencia de sus rivales (tenía once puntos más que el Atlético y dieciocho más que el Madrid al final de la primera vuelta) y a la grave enfermedad que afectó a su nuevo entrenador.

QUINCE PUNTOS DE VENTAJA

El Barcelona ganó la Liga en la temporada 2012-13 con la mayor distancia jamás conseguida sobre el segundo clasificado. Acabó el torneo con quince puntos más que el Madrid, que se quedó en ochenta y cinco.

Hasta entonces, la mayor distancia entre primero y segundo al final de una Liga de Primera había sido de doce puntos. Así fue en tres torneos cuando las victorias valían dos puntos: doce puntos sacó el Madrid al Atlético en 1961 y en 1963, y al Zaragoza en 1975. Ya en ligas de tres puntos por victoria, el Barça también obtuvo doce puntos más que el Madrid en 2006.

El Barcelona, en la histórica Liga 2012-13, fijó igualmente el récord de ventaja de un líder sobre el segundo en una jornada: quince puntos más que el Madrid en la penúltima y en la última. Hasta entonces, la mayor distancia del líder sobre el segundo en una jornada había sido de catorce puntos, también del Barça respecto al Madrid en las jornadas 33, 34 y 35 de la Liga 1997-98.

ENTRE PRIMERO Y ÚLTIMO

En las seis últimas ediciones se han establecido las seis mayores diferencias entre los primeros y los últimos clasificados en ligas de Primera. En 2009-10, la distancia entre Barcelona (99) y Xerez (34) fue de 65 puntos. En 2010-11, la distancia entre Barcelona (96) y Almería (30) fue de 66 puntos. En 2011-12, la distancia entre Madrid (100) y Racing (27) fue de 73 puntos. En 2012-13, la distancia entre Barcelona (100) y Zaragoza (34) fue de 66 puntos. En 2013-14, la distancia entre Atlético (90) y Betis (25) fue de 65 puntos. En 2014-15, la distancia entre Barcelona (94) y Córdoba (20) fue de 74 puntos (récord histórico).

TERCERO A TREINTA Y NUEVE PUNTOS

No hace tanto que el Valencia ganó la Liga de 2001-02 con apenas treinta y ocho puntos de ventaja sobre el último clasificado (Zaragoza). Pero la diferencia entre los equipos de Primera ha crecido en los últimos años hasta límites insospechados. El mismo Valencia fue tercero en 2011-12 con treinta y nueve puntos menos que el campeón. En esa Liga, por primera vez en la historia, solo dos equipos (Real Madrid y Barcelona) mantuvieron opciones matemáticas de ganar el título a falta de nueve jornadas.

La posterior aparición del Atlético de Madrid en la lucha por los primeros puestos y un ligero descenso en el rendimiento de los dos colosos han ayudado a mermar el desequilibrio. En 2014-15, a falta de nueve jornadas para terminar la competición, por comparar torneos a la misma altura, todavía siete equipos, matemáticamente, podían ser campeones. La competencia creció respecto a 2011-12, pero hay que seguir dando pasos para paliar las diferencias entre equipos, uno de los grandes problemas del fútbol español en la actualidad.

LÍDERES TOTALES

Tres equipos han sido líderes de principio a fin en ligas de Primera. El Barcelona de la temporada 1984-85 fue el primero. Arrancó el torneo con un bombazo, ganando por 0-3 en el Bernabéu. En la cuarta jornada, tras cuatro victorias, ya era líder en solitario, con un punto más que el Sevilla. El equipo de Venables aseguró el título en la trigésima jornada, a falta de cuatro para el final.

El Madrid también fue líder en todas las jornadas de la temporada 1987-88 y ganó el título con cuatro partidos de sobra. El equipo de Beenhakker empezó la Liga con ocho victorias y solo tuvo que administrar la ventaja para salir campeón. El Barça volvió a liderar la Liga de principio a fin en 2012-13 y cantó el alirón en la trigésimo quinta jornada.

Además, tres equipos fueron líderes en todas las jornadas de liga de Primera menos en una (en los tres casos, «fallaron» en la primera): el Madrid de Muñoz en 1971-72, el Barça de Cruyff en 1990-91 y el Madrid de Schuster en 2007-08.

CINCUENTA Y NUEVE JORNADAS LÍDER

El Barcelona es el equipo que ha ocupado el primer puesto en más jornadas seguidas de Primera: las treinta y ocho de 2012-13 y las veintiuna primeras de 2013-14. Total: cincuenta y nueve.

Después de terminar la Liga 2011-12 en segunda posición, por detrás del Madrid, el equipo azulgrana arrancó el siguiente torneo con nuevo entrenador (Vilanova) y una goleada (5-1 a la Real Sociedad). Se aseguró el primer puesto con seis victorias en las primeras jornadas y ya no abandonó esa posición.

En 2013-14 también estrenó técnico (Martino), empezó con goleada (7-0 al Levante) y encadenó ocho triunfos en las primeras jornadas. Pero luego se torcieron las cosas y cedió el liderato al Atlético Madrid en la vigésimo segunda jornada después de perder con el Valencia (2-3).

El Barcelona, en este periodo, entre 2011 y 2014, llegó a

ocupar uno de los dos primeros puestos de la tabla en noventa y tres jornadas seguidas.

TORNEO BLANCO

Madrid, Barça y Atlético, los tres equipos con más títulos, son también los equipos que han ocupado el primer puesto en más jornadas de Primera. El Madrid ha sido líder en 1.014 jornadas, por 665 del Barça y 253 del Atlético.

El equipo blanco ha sido líder en el 37,5 % de las jornadas de Primera (1.014 de 2.702). Fue el primer líder después de ganar por 5-0 al Europa en la primera jornada de la primera Liga. Alcanzó las mil jornadas como líder en la decimoquinta jornada de la Liga 2014-15 después de su victoria en Almería el 12 de diciembre de 2014.

El Madrid, en su época de mayor dominio liguero, en la que ganó ocho de nueve títulos, fue líder en el 70% de las jornadas entre 1960 y 1969. Pero su periodo más largo al frente de la clasificación en jornadas consecutivas llegó entre 1987 y 1988, con 53.

Por el contrario, el equipo blanco no fue líder en 141 jornadas seguidas entre 1936 y 1944. El Madrid ha sido líder en alguna jornada en 65 de las 85 ligas disputadas.

LÍDER PERDIDO

El Madrid de la temporada 1991-92 es el equipo que, sin proclamarse campeón, ha sido líder en más jornadas de una Liga de Primera. Fue primero en treinta y dos jornadas, pero el título fue para el Barcelona. El Madrid se peleó en las primeras semanas del torneo con el Atlético, que cedió ante el empuje blanco (doce victorias y un empate en las trece primeras jornadas). Entonces sacaba seis puntos al Atlético y ocho al Barça.

El Madrid no pudo mantener ese ritmo demoledor; al terminar la primera vuelta, solo tenía tres puntos más que el Barça. Ramón Mendoza se asustó. El presidente decidió despedir a Antic. El repescado Beenhakker se hizo cargo de un equipo líder pero tocado en su confianza que finalmente cedió a la presión del Barcelona. Con errores alucinantes, perdió en Tenerife en la última jornada por 3-2 después de ir ganando por 0-2, en un resumen perfecto de su Liga paranoica.

CAMPEÓN PECULIAR

El Barcelona es el único equipo que ha ganado una Liga de Primera siendo líder solo en la última jornada. Y no fue una vez. Fueron dos. En ambos casos a costa del Madrid. En la temporada 1991-92 ya sabemos qué sucedió. Más extraña aún fue la resolución de la primera Liga, disputada íntegramente en 1929.

El Madrid, en lucha con Athletic y Arenas, fue el principal dominador. El Barça estuvo a punto de arrojar la toalla en la primera vuelta, pero se transformó con el primer cambio de entrenador en Primera: Bellamy por Forns. Logró seis victorias seguidas. Se enganchó al tren de la Liga y se guardó un as en la manga (aplazó un partido ante el Arenas para aportar jugadores a la selección catalana que iba a inaugurar la Exposición Universal de Barcelona).

El equipo azulgrana venció en la última jornada al Real Unión. El Madrid falló (perdió en Bilbao). Ambos equipos terminaron la Liga empatados a puntos. Pero al Barça le quedaba por jugar ante el Arenas. Ganó y, con una semana de retraso, conquistó la Liga.

SESENTA DE PRIMERA

El Éibar, campeón de Segunda en 2014, fue el sexagésimo club en debutar en Primera División. El reparto de los equipos de Primera entre las actuales comunidades autónomas es: doce de Andalucía, siete de Cataluña y de Valencia, seis de Castilla y León y del País Vasco, cuatro de Galicia y de Madrid, dos de Asturias, de Canarias y de Extremadura, y uno de Aragón (Zaragoza), de Baleares (Mallorca), de Cantabria (Racing), de Castilla-La Mancha (Albacete), de La Rioja (C. D. Logroñés), de Murcia (Murcia) y de Navarra (Osasuna), sin olvidar al Atlético de Tetuán, que jugó en Primera en la temporada 1951-52 cuando aún existía el protectorado español en el norte de Marruecos.

Los diez equipos que participaron en la primera Liga de Primera, en 1929, fueron (por orden de clasificación) Barcelona, Madrid, Athletic, Real Sociedad, Arenas, Atlético de Madrid, Espanyol, Europa, Real Unión y Racing.

CIUDAD PEQUEÑA, CLUB GRANDE

La villa de Éibar, de veintisiete mil habitantes, celebró el ascenso de la Sociedad Deportiva Éibar a Primera en 2014. El club ya tuvo alguna oportunidad de llegar a la máxima categoría durante la etapa en la que estableció el récord de temporadas seguidas en Segunda (18), entre 1988 y 2006. Pero se encontró con el premio cuando menos lo esperaba, un año después de salir de Segunda B.

Éibar es la cuarta ciudad menos poblada con equipo en Primera. En la primera Liga participaron el Arenas de Guecho (municipio vizcaíno que contaba con dieciséis mil habitantes en 1929) y el Real Unión de Irún (localidad guipuzcoana fronteriza con Francia que tenía diecisiete mil habitantes por entonces). El Extremadura subió a Primera en 1996 cuando la población de la ciudad pacense de Almendralejo era de veinticinco mil habitantes.

MITAD VASCA

Una región llegó a contar con la mitad de los equipos de Primera en dos ediciones ligueras, algo impensable en el fútbol actual. En las temporadas 1930-31 y 1931-32, cinco de los diez clubes de Primera fueron vascos. A Athletic, Real Sociedad, Arenas y Real Unión (fundadores del torneo en 1929) se les unió en 1930, para disputar la tercera Liga, el Alavés de Ciriaco y Quincoces, entre otros.

Los cinco aguantaron dos años juntos para luego ir cayendo los que más sufrieron para adaptarse al creciente profesionalismo y a la dura competencia que se extendía por todo el país. En 1935 ya se quedó solo el Athletic tras los sucesivos descensos de Real Unión, Alavés, Arenas y Real Sociedad. Desde entonces, el País Vasco nunca ha reunido más de tres equipos en Primera.

POR COMUNIDADES

Tres comunidades han tenido siempre equipos en Primera: Cataluña, Madrid y País Vasco, gracias a la permanencia continua en la categoría de Barça, Madrid y Athletic. La Comunidad Valenciana no tuvo equipos en Primera en las tres primeras temporadas y en 1986-87, coincidiendo con la ausencia del Valencia. Andalucía también falló en cuatro ligas de Primera, las cuatro primeras, hasta que subió el Betis en 1932.

Extremadura es la comunidad con menos presencia en Primera, apenas cuatro temporadas, y seguidas: dos alternas del Mérida C. P. (1995-96 y 1997-98) y dos alternas del C. F. Extremadura (1996-97 y 1998-99). Nunca un equipo extremeño ha logrado la permanencia en Primera.

Extremadura, comunidad formada por las dos provincias más grandes de España, no tiene clubes en la LFP desde que el C. D. Badajoz descendiera a Segunda B en el año 2003. Aunque la única comunidad sin equipos en la LFP en el siglo XXI es La Rioja.

LA CASA DE SIEMPRE

El Stadium Gal es el único que sigue en pie entre los campos de los equipos que participaron en la primera Liga de Primera. La casa del Real Unión de Irún sigue siendo la misma ahora en Segunda B, como había sido en Segunda, en Tercera o en Regional, que cuando fue uno de los clubes originales de Primera en 1929.

Les Corts, el campo del Barcelona en la primera Liga, fue demolido en 1966 después de que el club azulgrana se marchara al Camp Nou en 1957. El viejo Chamartín pasó a mejor vida en 1946 para dejar que el Real Madrid de Santiago Bernabéu construyera el nuevo Chamartín, inaugurado en 1947. El campo del Guinardó, que utilizó el Europa en Primera, funcionó en Barcelona hasta 1964. El Arenas de Guecho siguió jugando en Ibaiondo hasta 2004. El Racing de Santander cambió los viejos Campos de Sport por los nuevos Campos de Sport en 1988. El Atlético de Madrid tuvo que dejar el Metropolitano en 1966 antes de terminar el estadio del Manzanares bajo el mandato de Vicente Calderón. También el Athletic de Bilbao dejó el viejo San Mamés en 2013 antes de que se rematara el nuevo San Mamés. Atocha fue demolido en 1999, seis años después de que la Real Sociedad de San Sebastián moviera su sede al estadio de Anoeta. El Espanyol de Barcelona abandonó Sarrià en 1997 para irse de alquiler a Montjuïc.

En definitiva, todos los clubes fundadores de Primera han cambiado de campo desde 1929, excepto el Real Unión, que se mantiene desde 1926 en el Stadium Gal, a trescientos metros de la frontera francesa.

SAN MAMÉS VIVE

El viejo San Mamés, casa del Athletic durante cien años, sigue siendo el campo donde más partidos de Primera se han disputado: 1.304, con 4.222 goles. El Athletic, hasta 2013, jugó todos sus partidos como local en Primera en San Mamés, excepto cuatro, en los que tuvo que utilizar los campos donostiarras de Atocha y Anoeta por obras o sanciones. A cambio, el Athletic prestó el viejo San Mamés para que Racing, Real Sociedad y Alavés disputaran como locales tres partidos de Primera.

El primer partido de Liga en el antiguo estadio del Athletic se celebró el 17 de febrero de 1929: el equipo rojiblanco goleó al Espanyol (9-0). El último partido se jugó el 26 de mayo de 2013: derrota del Athletic ante el Levante (0-1) con gol de Juanlu. Los jugadores que disputaron más partidos de Liga en el viejo San Mamés fueron Iribar (231) y Etxeberria (228). Como máximos goleadores quedaron Zarra (176) y Dani (112).

CAMPEÓN POR ANTICIPADO

La Liga española de Primera División ha conocido al campeón cinco jornadas antes de su conclusión en cuatro ediciones. El Madrid, coincidiendo con prematuras eliminaciones en la Copa de Europa, aprovechó el escaso desgaste para centrar todas sus fuerzas en la Liga y dominar el torneo a su antojo en las temporadas 1960-61 y 1962-63. En la primera, después de un inicio titubeante, no paró de ganar (quince victorias seguidas) hasta cantar el alirón en la vigésimo quinta jornada. En la segunda, el equipo blanco no tuvo rival (sus adversarios directos fallaron más de la cuenta), pero el destino le brindó el aliciente de conquistar el título ganando al Atlético en el Bernabéu, también en la vigésimo quinta jornada.

El Barcelona empezó la temporada 1973-74 de mala manera, pero el fichaje de Cruyff (mejor jugador del mundo por entonces) cambió radicalmente el panorama culé, hasta ganar la Liga con su victoria en Gijón en la vigésimo novena jornada, también con cinco partidos de sobra. Igual que un año más tarde hizo el Madrid, que combatió al Barça de Cruyff contratando al entrenador yugoslavo Miljan Miljanić, cuyos novedosos métodos de preparación física dieron resultado de inmediato (el Madrid cantó el alirón en la vigésimo novena jornada, empatando en Atocha).

DIEZ GOLES EXTRANJEROS

El Madrid-Sevilla (7-3) de la Liga 2013-14 y el Madrid-Rayo (10-2) de la Liga 2015-16 son los partidos con diez goles de jugadores extranjeros en la historia de Primera.

En el Madrid-Sevilla del 30 de octubre de 2013 marcaron el portugués Cristiano Ronaldo (tres), el gales Bale (dos), el francés Benzema (dos), el croata (nacido en Suiza) Rakitić (dos) y el colombiano Bacca. Y pudieron ser once goles durante el partido y once goles obtenidos por extranjeros si Ivan Rakitić no hubiese tirado fuera un penalti con Diego López en la portería madridista.

En el Madrid-Rayo del 20 de diciembre de 2015, todos los goles (diez) del equipo local fueron de jugadores extranjeros (ocho marcados cuando el rival jugaba con nueve): cuatro de Bale, tres de Benzema, dos de Cristiano Ronaldo y uno del brasileño Danilo, el primero. Los dos goles del Rayo fueron de los hispanos Amaya y Jozabed. También fueron españoles los expulsados Tito y Baena, que dejaron al equipo vallecano en franca inferioridad a partir del minuto 27.

Para encontrar el último partido de Primera con diez goles logrados por jugadores españoles hay que remontarse hasta el día 9 de noviembre de 1969, cuando el Granada ganó al Real Mallorca en el estadio Luis Sitjar por 4-6. Por el equipo local marcaron el murciano Robles, el alicantino Luis Costa, el madrileño Mariano y el tarraconense Domínguez. Por el equipo visitante marcaron el zaragozano Hidalgo, el tinerfeño Barrios (tres goles) y el grancanario Vicente (dos goles).

DE CAMPEÓN A DÉCIMO

El campeón de Liga que peor defensa hizo del título fue el Athletic en la temporada 1943-44. Lo que sucedió para que el Athletic pasara de ser campeón en 1943 a ser décimo en 1944 no es fácil de explicar. El entrenador era el mismo: Juan Urquizu. Y los jugadores fueron casi los mismos. Pero varios futbolistas importantes bajaron su rendimiento (Iriondo, Zarra y Panizo, por ejemplo). El portero Lezama y Gaínza apenas jugaron por repetidas lesiones. Gárate pasó toda la temporada en dique seco.

La Liga le salió tan mal al campeón que tuvo que esperar a la última jornada para asegurar su continuidad en Primera. El Athletic perdió en Mestalla, pero se salvó de disputar la eliminatoria de permanencia gracias a la derrota del Espanyol en el estadio Metropolitano. Pasado el susto, el Athletic recuperó el pulso en la Copa y revalidó el título venciendo en la final al Valencia, nuevo campeón de Liga.

DE DECIMOCUARTO A CAMPEÓN

El equipo que más mejoró de un año a otro para ganar la Liga fue el Atlético de Madrid de la temporada 1995-96. Se proclamó campeón (incluso hizo doblete de Liga y Copa) después de ser decimocuarto en el torneo anterior, en el que luchó por la permanencia hasta la última jornada después de utilizar a cuatro entrenadores (Maturana, D'Alessandro, Basile y Sánchez Aguiar).

Para revertir esta situación, el Atlético no hizo fichajes de relumbrón. Contrató al portero (Molina) y a un central (Santi) del Albacete; al ariete del Valencia (el búlgaro Penev, que parecía en decadencia); a tres jóvenes aún por catar (Roberto, Biagini y Correa); y a Pantić, centrocampista serbio del Panionios griego recomendado por el entrenador.

Los nuevos ayudaron (bastante), los viejos espabilaron (mucho) y las piezas encajaron en el puzle de Antić, que transmitió optimismo, beneficiado por un arranque liguero sorprendente (doce jornadas sin perder). El resto de la historia contribuyó a ampliar la leyenda de ese club imprevisible que tiene su sede a orillas del Manzanares y que siempre se regenera, por muy hondo que le entierren.

DE CUARTO A SEGUNDA

Tres equipos descendieron a Segunda después de quedar cuartos en la temporada anterior. El primero fue el Valladolid: cuarto en 1962-63 (como recién ascendido) y último en 1963-64. Tan sorprendente fue el altísimo rendimiento de una Liga como la birria de torneo que hizo en la siguiente edición. Evidentemente, cambiar de entrenador (Zubieta por Ramallets) le sentó mal. El Valladolid no disputó competiciones europeas en 1963-64 pese al cuarto puesto en la temporada anterior. Entonces la Copa de la UEFA no existía y en la precursora Copa de Ciudades en Feria se participaba por invitación.

Los otros dos equipos que bajaron a Segunda después de quedar cuartos en la temporada precedente sí que pueden poner como excusa el cansancio y el despiste europeo. El Celta de Lotina fue cuarto en 2003 y se clasificó para la Liga de Campeones. Superó la primera fase; cuando cayó eliminado ante el Arsenal en octavos de final, ya ocupaba puestos de descenso en la Liga. Terminó en penúltima posición y bajó.

El Villarreal de Garrido repitió los pasos del Celta. Cuarto en 2011. En la fase de grupos de la Liga de Campeones perdió los seis partidos. Cuando terminó su lamentable participación en el torneo europeo era decimoquinto en Liga, pero el Villarreal no se recuperó. Al revés, el asunto fue a peor, hasta caer a la decimoctava posición después de dos últimas jornadas diabólicas.

MENOS CON MÁS

El Barcelona es el único equipo que no ha sido campeón de Liga, a pesar de ser el equipo más goleador y el equipo menos goleado del torneo. Y encima le sucedió dos veces, en las temporadas 1983-84 y 2006-07.

El Barça de Menotti, con la ausencia de Maradona en más de la mitad de los partidos por una grave lesión provocada por Goikoetxea en la cuarta jornada, no ganó la Liga 1983-84 a pesar de marcar más goles que ningún otro equipo (61: cuatro más que el Madrid) y de recibir menos goles que todos los demás (25: cuatro menos que el Athletic). Acabó el torneo en tercera posición, a un punto de Athletic y Real Madrid.

El Barcelona de Rijkaard, decadente ya en la temporada 2006-07, con Ronaldinho en proceso de desconexión, tampoco ganó la Liga siendo el equipo más goleador (78: doce más que el Madrid) y el equipo menos goleado (33: como el Getafe). Acabó el torneo igualado a puntos con el Madrid, pero fue segundo tras perder el duelo directo con el equipo blanco.

PICHICHI Y ZAMORA SIN LIGA

Tener en sus filas al Pichichi y al Zamora de una Liga es un buen síntoma, indudablemente, pero no siempre vale para ser campeón. Desde que el diario *Marca* entrega ambos trofeos anuales (1959), dos equipos no ganaron la Liga pese a contar con el máximo goleador y con el portero menos goleado del torneo.

Los deportivistas Bebeto y Liaño recibieron el Pichichi y el Zamora, respectivamente, en 1993, después de que su equipo solo pudiera ser tercero por detrás de Barcelona y Real Madrid. El brasileño Bebeto marcó veintinueve goles y el portero Liaño compartió el premio con Cañizares, entonces guardameta del Celta.

El Madrid ganó la Liga 2011-12, pero los trofeos individuales recayeron en jugadores del Barcelona. Messi fue máximo goleador con cuarenta y nueve dianas (para el diario *Marca* fueron cincuenta) y Víctor Valdés apenas recibió veintiocho goles en los treinta y cinco partidos que disputó en el campeonato. El Madrid, con el segundo en la clasificación del Pichichi (cuarenta y seis goles de Cristiano Ronaldo) y con el segundo en la clasificación del Zamora (treinta y un goles a Casillas en treinta y siete partidos), ganó el título con autoridad.

Antes de la confluencia de ambos trofeos, otros dos equipos no conquistaron el título de Liga teniendo en sus filas al máximo goleador y al portero menos goleado: el Athletic en 1946-47 (Zarra y Lezama) y el Valencia en 1957-58 (Ricardo y Goyo).

PRIMER Y SEGUNDO ACTO

El Barcelona estuvo a punto de batir en 2014-15 el récord de goles marcados en los segundos tiempos de una Liga de Primera. Llegó a setenta, pero no pudo alcanzar ni superar los setenta y uno que logró el Madrid en 2011-12. El Barça sí que tiene desde 2012-13 el récord de goles marcados en los primeros tiempos de una Liga de Primera (58).

El equipo menos goleado en los primeros tiempos de una Liga de Primera es el Deportivo desde la temporada 1993-94. Solo recibió cuatro goles: uno en Bilbao en la undécima jornada, dos en el Camp Nou en la vigésimo sexta jornada y uno en Oviedo en la trigésimo primera jornada. La cifra más baja de goles en contra en los segundos tiempos de una Liga de Primera está en siete, marca que estableció el Real Madrid en la temporada 1932-33 y que fue igualada por el Athletic en 1969-70.

ROLLO DE EMPATES

Vamos a hablar de empates. El jugador que empató más partidos en Primera fue Loren Juarros: 148 (107 con la Real Sociedad, 16 con el Athletic y 25 con el Real Burgos). El jugador con más empates en un club de Primera sigue siendo el sportinguista Joaquín (144).

Ocho jugadores cosecharon 17 empates en una Liga de Primera: Migueli con el C. D. Málaga en 1971-72, Calderón con el Mallorca en 1989-90, Elduayen, Edu, Ayucar y Balint con el Real Burgos en 1990-91, Višnjić y Paco con el Rayo en 1992-93.

El Athletic (622) es el equipo con más empates en la historia de Primera, seguido por el Valencia (605). Equipos con más 0-0 en Primera: Espanyol (190) y Athletic (187). Equipos con más 1-1: Athletic (282) y Valencia (276). Equipos con más 2-2: Valencia (131) y Atlético (127). Equipos con más 3-3: Real Madrid (32), Athletic y Sevilla (29). Equipos con más 4-4: Atlético (9) y Barcelona (7).

Dos partidos de Primera acabaron 5-5: Barça-Madrid el 10 de enero de 1943 y Racing-Albacete del 7 de enero de 1996. Un partido de Primera terminó 6-6: Atlético-Athletic el 29 de enero de 1950.

El duelo entre Sevilla y Atlético es el que más empates ha generado en la historia de Primera: 46 de los 143 partidos entre ambos equipos en la máxima categoría acabaron en tablas.

1-0 POR ENCIMA DE TODOS

Para las apuestas no está de más saber que el resultado más repetido en la historia de la Primera División española es la victoria local por 1-0. Un total de 2.796 partidos terminaron con ese marcador (casi el 12%). Los siguientes resultados en la lista son el 1-1, las victorias locales por 2-1 y por 2-0, el 0-0 y el triunfo visitante por 0-1. El Athletic es el equipo que más veces ha cosechado el mismo resultado en partidos de Primera: 1-1 en 282 partidos.

El arco de resultados diferentes llega a 79 (15 de ellos solo se han registrado en un partido de Primera). El penúltimo resultado nuevo que se incorporó a la relación fue el 3-8, gracias al partido Oviedo-Valladolid de la penúltima jornada de la Liga 1995-96 disputado el 19 de mayo de 1996, y gracias a Japón Sevilla, el colegiado que señaló seis penaltis que se encargaron de convertir en gol Christiansen (2) y Peternac (4). El último resultado sin precedentes en Primera fue el 10-2 del Madrid-Rayo del 20 de diciembre de 2015, una goleada conseguida en extrañas circunstancias que provocó pocos motivos de satisfacción, ni siquiera en el bando madridista.

PLENO TOTAL

La Copa actual, preparada para que los equipos de Primera lleguen lo más lejos posible a costa de poner zancadillas a los clubes de inferior categoría, ha logrado su propósito a la perfección en dos temporadas. Tanto en 2007-08 como en 2014-15, los dieciséis equipos clasificados para octavos de final fueron de Primera. Pleno total, conseguido gracias a cruces dirigidos después de que los equipos de Tercera, Segunda B y Segunda se eliminen entre ellos en tres rondas crueles, injustas y ruinosas.

Para eso casi es mejor limitar la participación en la Copa a equipos de Primera, como ya se hizo en el fútbol español en un par ediciones de los años cincuenta. Pero los clubes grandes quieren guardar las formas y mantener un sistema de competición que deja un pequeño resquicio a las sorpresas. Lo cambiaron en 2005, para evitar la sangría innecesaria de principios del siglo XXI, y los modestos lo aceptaron por una limosna. Pasaron de una punta a otra, de todas las ventajas para los pequeños a todas las ventajas para los grandes, sin término medio.

LA ELIMINATORIA DEL CAMBIO

El Albacete, buscando su propio beneficio, pero sin saber lo que iba a suponer tal hazaña, cambió la historia del Atlético de Madrid en diciembre de 2011. El equipo manchego le dio la puntilla a Manzano y propició el fichaje de Simeone como entrenador del cuadro colchonero. En este caso, el despido del entrenador estaba justificado. El Atlético fue el segundo equipo de Primera que perdió los dos partidos de una eliminatoria de Copa ante un Segunda B. El Albacete ganó en el

Carlos Belmonte por 2-1 y nueve días más tarde se impuso en el Calderón por 0-1 frente a jugadores que, bajo la batuta de otro entrenador, se proclamaron campeones de la Europa League antes de que pasaran cinco meses.

La primera vez que un equipo de Primera quedó eliminado por un Segunda B perdiendo los dos encuentros, en diciembre de 1992, no provocó el despido inmediato del técnico (Romero aguantó tres semanas más), pero fue un pronóstico para el futuro: el decadente Cádiz solo tardó año y medio en bajar dos categorías y el ascendente Extremadura provocó una conmoción en Almendralejo con sus inesperadas promociones a Segunda en 1994 y a Primera en 1996.

Estas dos sorpresas, que afectaron a Cádiz y Atlético con diecinueve años de intervalo, tuvieron un precedente, con otro margen de diecinueve años, cuando aún no existía la Segunda B (división creada en 1977). En 1973, el Ourense, de Tercera (como un Segunda B actual), le dio un baño a la Real Sociedad: ganó primero en Atocha por 1-3 y luego en casa por 4-3.

TRES DE TERCERA

Hablando de equipos de Tercera, hay que hacer referencia a los tres que, ya con el actual formato de competiciones españolas, es decir, perteneciendo en realidad a la cuarta categoría de nuestro fútbol, eliminaron de la Copa a equipos de Primera. El primero, en octubre de 1980, fue el Endesa de la localidad turolense de Andorra, que pudo con el Zaragoza (1-1 en La Romareda y 2-1 en casa), con el aliciente añadido de que el equipo de la capital de Aragón era el entonces líder de Primera.

El segundo fue, unos meses después, en abril de 1981, aún en la misma temporada 1980-81, el Figueres, que sacó al Hércules del torneo de Copa en la tanda de penaltis después de ganar por 1-0 en su campo y de perder por 3-2 en el Rico Pérez de Alicante.

El tercero, y último, en noviembre de 1981, también necesitó de la tanda de penaltis para apear al equipo de Primera. Fue el Gran Peña, de la parroquia viguesa de Lavadores, ante el Racing de Santander. Ambos partidos terminaron sin goles. Desde entonces, ningún equipo de Tercera (cuarta categoría) ha vuelto a eliminar a un Primera de la Copa.

SEMIFINALES CON SEGUNDA B

El Figueres, club que tuvo un indigno final antes de refundarse en 2007, también aparece cuando buscamos equipos de Segunda B que llegaron a semifinales de Copa. Solo salen dos. El equipo catalán fue el primero, en la temporada 2001-02. Tuvo que eliminar a un Tercera a dos partidos (Teruel), a dos Primeras a un partido en casa (Barcelona y Osasuna), a un Segunda B a dos partidos (Novelda) y a un Segunda a dos partidos (Córdoba). En semifinales, el Figueres se topó con el Deportivo, que luego también pasó a la historia en la final con su inolvidable *centenariazo* en el Bernabéu.

El Mirandés repitió gesta en 2011-12, eliminando primero a tres equipos de su categoría en duelos a un partido (Amorebieta, Linense y U. D. Logroñés) y después a tres equipos de Primera a dos partidos (Villarreal, Racing y Espanyol). En semifinales perdió los dos partidos ante el Athletic, pero pudo presumir hasta el final de contar con el máximo goleador del torneo: Pablo Infante (7).

Las proezas de Figueres y Mirandés tuvieron un precedente en 1931, cuando el C. D. Logroño, germen del posterior C. D. Logroñés, alcanzó las semifinales de Copa militando en Tercera (sin Segunda B), para caer también ante el Athletic, pero sin eliminar a equipos de Primera (Leonesa, Valladolid y Castellón).

HÉROES DE NUMANCIA

Dos equipos de Segunda B eliminaron a tres equipos de Primera en una edición de Copa. El segundo, el Mirandés en 2011-12, ya tiene su reseña en el apartado anterior. El primero, el Numancia en 1995-96, no llegó a semifinales. Eliminar a tres *primeras* (Real Sociedad, Racing y Sporting) solo le valió para alcanzar los cuartos de final, pero su trayectoria recibió una atención mediática inusitada gracias a su cruce con el Barcelona. Se vendió el duelo como aquella desigual contienda entre los habitantes de la auténtica Numancia y el temible ejército romano.

El equipo soriano, como los legendarios antepasados del Cerro de la Muela, ofreció feroz resistencia (2-2 en Los Pajaritos con campo helado y 3-1 en el Camp Nou, tras marcar primero), aunque finalmente tuviera que claudicar ante la superioridad aplastante del rival.

MÁS DIFÍCIL TODAVÍA

Que un equipo de Segunda B elimine de la Copa a uno de Primera siempre es una sorpresa, más ahora que al empezar el siglo XXI, cuando en las primeras rondas del torneo los clubes de la máxima categoría se jugaban su continuidad en un solo partido disputado en el campo del equipo de división inferior. Pero la sorpresa adquiere el calificativo de asombrosa si el equipo de Primera cae eliminado por un Segunda B en un duelo a dos partidos después de haber ganado como visitante en el primer envite.

Tan excepcional circunstancia solo se ha producido dos veces en la historia de la Copa. El Zaragoza cayó ante el C. D. Logroñés en 1982 (1-2 en Las Gaunas y 0-1 en La Romareda) por penaltis (entonces no valían más los goles en campo contrario en caso de empate). El Sevilla ante el Racing de Santander, treinta y un años después, fue el otro equipo de Primera eliminado de la Copa por un equipo de Segunda B después de ganar a domicilio el partido de ida: 0-1 en Santander y 0-2 en el Sánchez Pizjuán.

LÍMITE DE CUATRO

El récord de *primeras* eliminados por un Segunda en una edición de Copa está en cuatro. Hasta ahí llegó el Alavés para presentarse en las semifinales de la temporada 1997-98. Para seguir adelante se zafó de cuatro clubes de superior categoría: Oviedo, Compostela, Real Madrid (posterior campeón de Europa) y Deportivo. Pero no pudo con el Mallorca de Héctor Cúper.

El Castilla, en el curso 1979-80, también apartó del torneo a cuatro equipos de Primera: Hércules (remontando un 4-1), Athletic (ganando en San Mamés), Real Sociedad (derrotando en un Bernabéu abarrotado a un rival invencible en Liga) y Sporting (remontando un 2-0). Esta sucesión de sorpresas, después de eliminar antes a Extremadura, Alcorcón y Racing, sí que le valieron al Castilla para presentarse en la final (y para clasificarse para la Recopa), en la que se enfrentó al hermano mayor.

Desde aquel extraño partido que terminó en una familiar goleada en Chamartín por 6-1 del primer equipo (Real Madrid) al filial (Castilla), jamás un equipo de Segunda ha disputado otra final de Copa. Y, desde entonces, claro, nunca más un equipo español de Segunda ha disputado competiciones europeas. El Castilla, mermado al empezar la siguiente temporada al perder jugadores que subieron al primer equipo, cayó eliminado en la primera ronda de la Recopa, en la prórroga, ante el West Ham inglés, también de Segunda, curiosamente.

LÍMITE DE CINCO

El Madrid de la temporada 1978-79 consiguió algo en la Copa del Rey que ya no se puede repetir. Con el actual sistema de competición es imposible eliminar a cinco equipos de Primera como hizo el equipo blanco en aquella campaña. El Madrid fue apeado pronto de la Copa de Europa (a primeros de noviembre de 1978, frente al Grasshopper de Zúrich) y, por eso, también tuvo que empezar pronto su participación en la Copa. Entró en la tercera ronda y para arrancar (¡añorados sorteos sin condiciones!) tuvo que dirimir un duelo a cara de perro con el Atlético de Madrid resuelto en la tanda de penaltis y con enorme polémica, como corresponde a un buen derbi. Luego, fue eliminando a Las Palmas (cuarta ronda), Celta (octavos), Zaragoza (cuartos) y Sevilla (semifinales).

Pero, convirtiéndose en el único equipo que ha eliminado a cinco *primeras* para llegar a una final de Copa, el Madrid no logró el objetivo definitivo. Después de conquistar la

Liga, no pudo con el doblete. Su trabajada Copa se le escapó en la final, disputada en el Calderón el 30 de junio de 1979 ante el Valencia, que venció por 2-0 con goles de *Matador* Kempes.

TRISTE REMONTADA

El Madrid también protagonizó la mayor remontada en eliminatorias entre equipos españoles de Primera. Fue en la Copa de la temporada 1974-75, ante Las Palmas. El equipo blanco perdió el 8 de junio de 1975 por 4-0 en el estadio Insular. La goleada pudo ser peor. De hecho, la afición de Las Palmas, al acabar el partido, estaba entre eufórica por el resultado e indignada por varios penaltis perdonados al Madrid por un árbitro catalán.

Al día siguiente, la hinchada canaria se quedó estupefacta, fría, al enterarse de la muerte de uno de sus ídolos, el defensa internacional Tonono. El 31 de mayo jugó en Málaga y nueve días más tarde moría afectado por una infección vírica fulminante. Una multitud de seguidores se reunió para despedir a Tonono, primero en Las Palmas y luego en Arucas, su pueblo natal.

Casi lo de menos fue que el Madrid, el 14 de junio, diera la vuelta a la eliminatoria con un 5-0 en el Bernabéu, con tres goles de Santillana, artífice fundamental en las repetidas y alucinantes remontadas del equipo blanco de los años setenta y ochenta.

ÚLTIMOS

De los sesenta clubes que han militado en Primera, cuarenta y siete acabaron alguna Liga en última posición. Los trece equipos que nunca han sido colistas al final de una Liga de Primera son: Madrid (85 temporadas en Primera), Barça (85), Athletic (85), Valencia (81), Espanyol (81), Villarreal (16), Getafe (12), Alcoyano (4), Compostela (4), Mérida (2), Extremadura (2), Éibar (2) y Leonesa (1).

Seis equipos han acabado en última posición cuatro ligas de Primera: Racing (1928-29, 1939-40, 1982-83 y 2011-12),

Betis (1942-43, 1965-66, 1990-91 y 2013-14), Murcia (1940-41, 1974-75, 1984-85 y 2003-04), Sporting (1947-48, 1953-54, 1975-76 y 1997-98), Zaragoza (1952-53, 1970-71, 2001-02 y 2012-13) y C. D. Málaga (1954-55, 1962-63, 1976-77 y 1979-80).

ÚLTIMOS Y SALVADOS

Tres equipos que acabaron una Liga de Primera en última posición no bajaron a Segunda. El Racing se salvó en 1929 porque en la primera Liga no hubo descensos directos. El equipo cántabro se jugó la permanencia ante el Sevilla (campeón de Segunda), al que venció, como había hecho cinco meses antes para optar a la plaza que quedaba vacante en Primera. El Arenas no bajó en 1934 porque se amplió la Liga de diez a doce clubes y tampoco hubo descensos.

Más rocambolesca fue la salvación del Cádiz en 1987. Fue último después de la fase regular (34 jornadas) y de la segunda fase (10 partidos más entre los seis últimos). Durante el torneo se decidió ampliar la Liga de dieciocho a veinte clubes. Solo bajaría el último. Pero, Irigoyen, presidente del club gaditano, convenció a la federación para que organizara una liguilla final entre los tres últimos, que eran los que originariamente tenían que descender. Y le tocó la china al Racing (penúltimo). Osasuna y Cádiz siguieron en Primera.

ONCE DESCENSOS

Murcia, C. D. Málaga y Betis son los clubes que han sufrido más descensos a Segunda (11). El Murcia ha bajado once veces en apenas dieciocho temporadas en Primera. El equipo pimentonero nunca ha pasado más de tres años seguidos en la máxima categoría y ha sufrido seis descensos exprés (bajar un año después de subir). La vida del Murcia ha sido, en general, muy ajetreada. Contando sus movimientos por todas las categorías, ha cambiado de división 36 veces en 85 años de Liga (18 ascensos y 18 descensos).

Trajín parecido llevó el C. D. Málaga tras su desaparición en 1992. No se pudo transformar en sociedad anónima deportiva. Quedó sentenciado tras el descenso de 1990 (por penaltis ante el Espanyol en una eliminatoria de promoción). Fue su undécimo descenso en veinte años en Primera (seis exprés). Su sucesor, el Málaga C. F., solo ha bajado una vez a Segunda en sus quince temporadas en Primera.

DOCE ASCENSOS

El Betis, como Murcia y C. D. Málaga, también ha bajado once veces a Segunda (en 50 temporadas en Primera, con tres descensos exprés), pero, después de subir en 2015, el equipo verdiblanco estableció el récord de ascensos a Primera, con doce, superando los once de Deportivo, Celta, C. D. Málaga y Murcia. Lo lógico sería pensar que el Betis habrá aprendido de sus errores para tardar en tropezar otra vez en la misma piedra, aunque la mezcla de lo bueno y lo malo va en el ADN del club de las trece barras.

Malo es, por ejemplo, ser el equipo que ha ocupado el último puesto en más jornadas de Primera. El Betis ha sido colista en 146 jornadas. Los siguientes en la lista son Celta (114), Zaragoza (112) y Racing (100). El Betis ha sido colista en alguna jornada de veintitrés ligas de Primera.

ASCENSOR

El equipo ascensor (en la acepción de subir y bajar) por naturaleza fue el Deportivo de los años sesenta. Cuatro ascensos a Primera y tres descensos a Segunda en siete años. Después de cinco temporadas en Segunda, el equipo coruñés se proclamó campeón del primer grupo en 1962 y subió a Primera. En 1963 terminó antepenúltimo de Primera y bajó tras perder una eliminatoria ante el Levante. En 1964 volvió a ser campeón del grupo primero de Segunda. En la temporada 1964-65 completó su peor Liga de Primera (seis victorias, tres empates y veintiuna derrotas en treinta jornadas) y bajó como último. En 1966 se repitió la historia: campeón del primer grupo de Segunda. En 1967 más de lo mismo: último de Primera. En 1968, cómo no, acabó primero del primer grupo de Segunda. Y, por fin, en la temporada 1968-69, con

José María Martín de entrenador, el Deportivo fue décimo y logró la permanencia en Primera. Los vaivenes siguieron (descenso en 1970, ascenso en 1971, descenso en 1973) para luego ausentarse dieciocho años seguidos de Primera, con pasos fugaces por Tercera y Segunda B.

EN PUESTOS DE DESCENSO

El Deportivo de los años sesenta, cola de león en Primera y cabeza de ratón en Segunda, llegó a ocupar puestos de descenso en 54 jornadas seguidas de Primera. En la Liga 1964-65 estuvo en el pozo las 24 últimas jornadas (21 como último y 3 como penúltimo), en todas con Luis Carniglia, entrenador argentino que había ganado la Liga y la Copa de Europa con el Madrid. A su vuelta a Primera, el equipo gallego, al mando de Enrique Orizaola, entrenador que metió al Barça en la final de la Copa de Europa en 1961, se mantuvo en puestos de descenso en las treinta jornadas de la Liga 1966-67.

Cortó la racha al regresar a Primera, en la primera jornada de la Liga 1968-69. Perdió por 3-1 en Málaga, pero pudo dejar a cuatro equipos por debajo en la clasificación.

MÁS DURA SERÁ LA CAÍDA

El único equipo que ha logrado subir de un tirón de Tercera a Primera, pasando por Segunda B y Segunda, ha sido la Agrupación Deportiva Almería, club que solo tuvo once años de vida, pero muy intensa. La entidad se fundó en 1971, como hicieron antes y harían después otras en la ciudad, para que Almería volviera a tener un club con cierta jerarquía. Empezó en Regional.

En 1972 subió a Tercera, que entonces era como la Segunda B de ahora (con cuatro grupos). Ahí se quedó hasta que en 1977 aprovechó la creación de la Segunda B (entonces de dos grupos) para hacerse un hueco en la nueva categoría. En 1978, la A. D. Almería acabó primera del segundo grupo de Segunda B. Ya en Segunda, Enrique Alés, el entrenador de los dos primeros ascensos, deja su puesto a Maguregui, con quien el club se proclamaría campeón de Segunda en 1979 y acabaría noveno en la Liga 1979-80 de Primera.

Si rápida fue la ascensión, más rápida fue la caída: descensos en 1981 y 1982. Más otro descenso administrativo. La A. D. Almería, adeudada hasta las cejas, ni siquiera pudo competir en Tercera y desapareció en 1982.

LIGAS MÁS GOLEADORAS

La Liga de Primera con más goles se desarrolló en la temporada 1996-97 (1.271) gracias a que la disputaron veintidós equipos y se jugaron 462 partidos. Pero el torneo con el promedio goleador más alto data de la campaña 1929-30. Se marcaron 420 goles en los escasos noventa partidos disputados en aquella lejana Liga en la que solo participaron diez equipos.

Los delanteros, en mayoría por entonces respecto a los defensas, exprimieron al máximo sus cualidades para que quedara para la historia la única Liga sin empates a cero y para que la media del torneo llegara a los 4,66 goles por partido, inalcanzable en el fútbol actual si no se cambian reglas fundamentales (el promedio goleador de la Liga española oscila entre dos y tres goles por partido desde hace más de cincuenta años).

EL PARTIDO CON MÁS GOLES, SUPUESTAMENTE

Me gustaría estar seguro de que el partido de Primera con más goles fue el Athletic-Racing del 5 de febrero de 1933. Pero no lo estoy. Si el partido verdaderamente hubiera terminado con el 9-5 aceptado en general, pues así sería: catorce goles. El problema es que en la crónica de todos los periódicos editados por entonces en Bilbao y en Santander hablan de un 9-4 (no reflejan un supuesto gol de Loredo en el minuto 75). Solo los periódicos nacionales, que recibirían una crónica de agencia, aseguran que el partido terminó con un 9-5.

Y eso, con el paso del tiempo, ha pesado más que el relato de los periodistas locales que seguían a diario a ambos equipos. Para más inri, en aquel Athletic-Racing, el árbitro (Ledesma) concedió un tanto al Athletic sin que al balón traspasara la línea de gol. Así, un partido de 8-4 quedó en 9-5.

VAMOS POR PARTES

En tres partidos de Primera se marcaron ocho goles en el primer tiempo: Athletic-Racing del 5 de febrero de 1933 (5-3 al descanso y 9-5 o 9-4 al final), Atlético-Sporting del 6 de enero de 1952 (6-1 al descanso y 7-3 al final) y Atlético-Espanyol del 11 de noviembre de 1956 (7-1 al descanso y 8-1 al final).

En tres partidos de Primera se marcaron nueve goles en el segundo tiempo: Athletic-Barcelona del 14 de enero de 1940 (3-1 al descanso y 7-5 al final), Atlético-Athletic del 29 de enero de 1950 (2-1 al descanso y 6-6 al final) y C. D. Málaga-Elche del 28 de octubre de 1962 (0-1 al descanso y 4-6 al final).

Dos partidos de Primera llegaron con el resultado de 7-0 al descanso: Espanyol-Deportivo del 15 de octubre de 1944 (7-1 al final) y Barcelona-Oviedo del 28 de marzo de 1954 (9-0 al final).

Cuatro partidos de Primera tuvieron un parcial de 7-0 en la segunda parte: Sevilla-Barcelona de 1940-41 (11-1 al final), Athletic-Celta de 1941-42 (10-0 al final), Athletic-Lleida de 1950-51 (10-0 al final) y Barça-Las Palmas de 1951-52 (7-0 al final).

EMPATES A SEIS

El empate con más goles en Primera se dio en un Atlético-Athletic disputado en el Metropolitano el 29 de enero de 1950: 6-6. Con goles en el primero y en el último minuto. Una montaña rusa de tantos, sobre todo en la segunda parte (nueve), que se sucedieron así: 0-1 Gaínza, 1-1 Carlsson, 2-1 Ben Barek (descanso), 2-2 Gaínza, 2-3 Iriondo, 2-4 Iriondo, 2-5 Zarra, 3-5 Lozano, 3-6 Iriondo, 4-6 Ben Barek de penalti, 5-6 Calsita y 6-6 Aparicio.

El único 6-6 de Segunda tardó en producirse hasta el 20

de diciembre de 2014, en un Numancia-Lugo prenavideño que al descanso (1-1) no tenía pinta de que iba a caer en el desmadre.

En la Copa también hubo un 6-6, entre Madrid y Barça en 1916, en un partido de desempate en el que no hubo manera de desempatar, con cuatro goles en la prórroga.

EMPATES A CERO

El Espanyol es el equipo que ha firmado más empates a cero en la historia de Primera: 190 de los 2.566 partidos del Espanyol en Primera acabaron 0-0. Tres equipos no empataron a cero partidos de Primera: Real Unión (72 encuentros), Europa (54) y Atlético de Tetuán (30).

El primer partido sin goles en la máxima categoría se disputó en Bilbao el 12 de mayo de 1929 entre Athletic y Racing, en la duodécima jornada de la primera competición liguera.

Dos equipos llegaron a empatar a cero un total de once partidos en una Liga de Primera: Real Burgos en 1990-91 y Deportivo en 1993-94. El Castellón enlazó cinco 0-0 en una Liga de Primera: empató sin goles sucesivamente con Real Burgos, Sevilla, Mallorca, Zaragoza y Cádiz entre noviembre y diciembre de 1990.

La Liga de Primera con más empates a cero llegó en la temporada 1984-85 (54 de 306 partidos disputados).

GOLEADAS DE SEGUNDA Y COPA

El primer partido en Atocha entre la Real Sociedad y el Valladolid, en Segunda, propició la mayor goleada registrada en la historia del fútbol profesional en España: 14-2 el 8 de enero de 1941. El encuentro se debió jugar tres días antes, pero se aplazó porque Atocha estaba con un palmo de nieve. La espera mereció la pena. 7-1 en la primera parte y 7-1 en la segunda. Marcaron Pedrín (2), Azpiazu (3), Chipia (5), Paco Bienzobas (3), Izaga, Las Heras y Duque. El portero del Valladolid fue José Miguel.

La mayor goleada en la Copa data del 10 de septiembre de

1992 entre equipos de Segunda B y de Tercera: 14-0 en el desigual Murcia-Cieza Promesas. Marcaron Xavi Julià (4), Córcoles (3), James Cantero (3), Gabi Correa (2), Juanjo Díaz y Soto.

LA MEJOR DELANTERA

Tres de los veinticinco máximos goleadores de la historia de Primera llegaron a coincidir en el mismo equipo (caso único). El Valencia se hizo grande (mejor equipo de los años cuarenta, con tres títulos de Liga, dos subcampeonatos y cinco finales de Copa) gracias a la «delantera eléctrica»: Epi, Amadeo, Mundo, Asensi y Gorostiza. Entre Mundo (195), Gorostiza (178) e Igoa (141) marcaron 514 goles en Primera. Epi también pasó de los cien tantos (llegó a 124), pero ocupa un puesto más retrasado en la clasificación histórica (39.º). Amadeo, el único valenciano del quinteto (los otros cuatro eran vascos), marcó 74 goles.

Los cinco coincidieron un lustro glorioso en el Valencia, entre 1941 y 1946; si alguno siguiera con vida (todos fallecieron relativamente jóvenes), podría defender con argumentos de peso que formó parte de la mejor delantera del fútbol español.

VALENCIA: GAFE EN RIAZOR

El Deportivo es el único líder que ha perdido en su campo el título de Liga en la última jornada. Fue aquel drama inolvidable que ocurrió en 1994. El equipo gallego ya la había pifiado en la antepenúltima jornada cediendo un punto en casa ante un equipo que luego bajó a Segunda (0-0 con el Rayo). El Barcelona, que había ganado las dos ligas anteriores con regalos del Madrid en Tenerife, metió presión y volvió a encomendarse a la fortuna.

Total, que el Deportivo, ante la oportunidad de conquistar su primer título, no pudo vencer la resistencia del Valencia y de su portero González, que detuvo un penalti lanzado por Djukić en el último minuto.

Por cierto, el Deportivo tropezó otra vez en la misma piedra (Valencia) en 2011 y se convirtió en el único equipo que ha bajado a Segunda en la última jornada con estas tres ideales condiciones: jugando en casa, dependiendo de sí mismo y ante un rival que no se jugaba nada.

LAS TRES FINALES POR LA LIGA

Tres títulos de la Liga española se decidieron en la última jornada en un duelo directo entre los dos únicos equipos que tenían opciones de cantar el alirón y siempre tuvieron el mismo desenlace: 1-1 en el marcador y corona para el visitante, que partía con ventaja en los tres casos.

Así fue en la temporada 1945-46 entre Barcelona y Sevilla en Les Corts (goles de Araujo y Bravo), en la temporada 1950-51 entre Sevilla y Atlético de Madrid en el viejo campo de Nervión (goles de Doménech y Ben Barek) y en la temporada 2013-14 entre Barcelona y Atlético de Madrid en el Camp Nou (goles de Alexis Sánchez y Godín). En las tres «finales» por la Liga, influyó más la ventaja en la clasificación que el factor campo.

REGALO AL LÍDER

Solo hay un caso en la Liga española en el que el líder fallara en la última jornada y sus perseguidores no se aprovecharan. Fue en la temporada 1970-71 y el desenlace tuvo todos los ingredientes para un final de infarto.

El Valencia llegó a la última jornada como líder, con un punto de ventaja sobre el Barcelona y dos sobre el Atlético de Madrid. Le bastaba con empatar en Sarrià. Si perdía, Atlético y Barça, que se enfrentaban en el Calderón, tenían opciones. Pero debían ganar. El empate los condenaba a ambos.

El Valencia perdió con gol del españolista Lamata (minuto 65), cuando ya Atlético y Barça empataban en la ribera del Manzanares con goles de Dueñas y Luis. No fueron capaces de deshacer el maldito empate.

El Espanyol, para que luego digan, estuvo a punto de regalar una Liga al Barça, pero se la quedó el Valencia.

DE TERCERO A CAMPEÓN

El Valencia también fue el que rio el último en la única Liga ganada por el equipo que partía en tercera posición en la última jornada. Fue en 1947. Era quinto a falta de cinco jornadas después de una inesperada derrota en Murcia. Pero ganó los cuatro siguientes partidos y llegó con opciones a la última jornada.

Tenía un compromiso sencillo en Mestalla con el Sporting, al que goleó por 6-0, pero necesitaba que no ganasen ni Athletic ni Atlético. Así fue. El Athletic empató en Riazor (3-3), resultado que privó al equipo vasco de su sexto título de Liga y condenó al Deportivo al descenso. Y el Atlético perdió en el Metropolitano con el Madrid (2-3), que no se jugaba nada y que remontó el partido con dos goles del exrojiblanco Pruden.

MADRID FALLÓN Y BARÇA APROVECHÓN

El Madrid es el equipo que, siendo líder, más veces perdió la ocasión de ganar el título de Liga en la última jornada. Cuatro derrotas como visitante que costaron caro: con el Athletic en 1929, con el Valencia en 1983 y con el Tenerife de Valdano en 1992 y 1993. El Madrid, por el contrario, nunca ha ganado la Liga en la última jornada sin ser líder.

En eso destaca el Barcelona, que se benefició de tropiezos ajenos en la última jornada para conquistar el título sin depender de sí mismo en 1929, 1992, 1993 y 1994. Después de ese atracón de emociones en los años noventa que siempre favorecieron el Dream Team de Cruyff, nunca más ha cambiado el líder en la última jornada de la Liga española.

TRIPLE EMPATE EN CABEZA

Solo una Liga de Primera terminó con tres equipos empatados a puntos al frente de la clasificación. Pero no se resolvió en la última jornada. El Athletic cantó el alirón en la penúltima jornada de la temporada 1930-31 ganando en Sarrià por 0-4. Luego, con el título asegurado, perdió en San Mamés con el Real Unión mientras que Racing y Real Sociedad acabaron el torneo ganando y alcanzando los escasos veintidós puntos que bastaron al Athletic, que sigue siendo desde entonces el único campeón de Liga sin empates y, por resultados, el peor campeón de la historia (11 victorias y 7 derrotas en 18 partidos), acechado en 1999-2000 por el Deportivo (21 victorias, 6 empates y 11 derrotas en 38 partidos).

DESPLOMES

Ni el Atlético en 1981 ni el Barcelona en 1982 perdieron la Liga en la última jornada, pero sufrieron los mayores desplomes de líderes en la recta final del torneo.

El Atlético de Madrid del doctor Cabeza (el presidente fue el personaje más mediático del equipo rojiblanco en la temporada 1980-81) tenía, a falta de siete jornadas, una ventaja de cuatro puntos sobre el Barça, al que acababa de derrotar en el Calderón, y de seis puntos sobre la Real Sociedad (futuro campeón). No volvió a ganar (tres empates y cuatro derrotas), con la excusa de algún arbitraje escandaloso, y ni siquiera tuvo opciones en la última jornada.

El Barça repitió al año siguiente el patinazo del Atlético. El equipo azulgrana, con el prestigioso Lattek al mando, tenía, a falta de seis jornadas, cinco puntos más que la Real, que pescó otra vez en río revuelto. El Barça no volvió a ganar (dos empates y cuatro derrotas) y perdió un título que se daba por descontado.

OCHO PUNTOS DE VENTAJA

El Real Madrid de la temporada 2003-04 pasó a la historia de Primera por ser el líder que desperdició la mayor ventaja. Llegó a tener ocho puntos más que el segundo (Valencia) a falta de doce jornadas para acabar la Liga.

Después de la vigésimo sexta jornada, el Madrid de Queiroz estaba pletórico. Líder destacado en la Liga, listo para jugar la final de Copa y clasificado para cuartos de final en la Copa de Europa. Pero, a partir de entonces, con una plantilla mal utilizada, empezó a pagar el cansancio y, como si también le hubiera afectado la tristeza que invadió a la ciudad después de los atentados del 11 de marzo de 2004, el Madrid, justo un mes después, ya no era líder de la Liga, había perdido la final de Copa ante el Zaragoza y cayó eliminado de la Copa de Europa frente al Mónaco de Morientes. Ya deshecho, remató la Liga con cinco derrotas y acabó cuarto.

DERROTA CANALLA

La Real ganó sus dos Ligas, en 1981 y 1982, cuando menos lo esperaba, gracias al hundimiento de Atlético y Barça, pero en 1980 perdió un título que había merecido con creces. Aquel equipo, en una Liga de treinta y cuatro partidos, se mantuvo invicto durante las treinta y dos primeras jornadas de la temporada 1979-80 (18 victorias y 14 empates), estableciendo un récord que aún sigue vigente.

Pero en la penúltima jornada perdió en el Sánchez Pizjuán cuando lo tenía todo a favor. El Sevilla, con dos jugadores menos por expulsión de Blanco y Juan Carlos, se impuso (2-1) con goles de Bertoni. El Madrid, que seguía al acecho del equipo invicto, ganó en Las Palmas para ponerse por delante y luego conquistar el título ante el Athletic en el Bernabéu.

CODO A CODO

La Real Sociedad acabó perdiendo la Liga en 1980, pero mantuvo con el Madrid la lucha más intensa de la historia por un título. Ambos equipos se repartieron los dos primeros puestos de la tabla en las veinticinco últimas jornadas con un punto de ventaja como máximo para uno u otro.

No el más intenso, pero sí el más largo fue el duelo entre Barça y Madrid en la Liga 2009-10. Salvo en la primera jornada, los dos colosos del fútbol español coparon los primeros puestos de la clasificación durante todo el torneo, casi siempre por delante el equipo azulgrana, que llegó a contar con una renta máxima de cinco puntos. El codo a codo entre el Barça de Guardiola y el Madrid de Pellegrini duró hasta la última jornada y provocó que el campeón tuviera que llegar a los noventa y nueve puntos porque el subcampeón (el mejor subcampeón de la historia liguera) llegó a noventa y seis.

TÍTULO EN EL ÚLTIMO MINUTO

Si el Barça ganó en 1994 una Liga gracias a un no gol de penalti de Djukić en el último minuto, la única Liga ganada con un gol en el último minuto de la última jornada fue para la Real en 1981 (está claro que el trienio dorado del equipo donostiarra da mucho juego para las estadísticas). Tras el desplome del Atlético, la Real, como en 1980, se volvió a jugar el título con el Madrid en la última jornada, ahora con ventaja para el conjunto *txuri-urdin*.

Le valía con empatar en Gijón. Y empezó ganando con un gol de Kortabarria de penalti. Luego se complicó la tarde. Remontó el Sporting con dos goles de Mesa. El Madrid aseguró su victoria en Valladolid y algunos de sus jugadores, pensando que la derrota de la Real en Gijón era definitiva, empezaron a celebrar el título. Pero el partido de El Molinón terminó más tarde, lo justo para que Zamora, en el último minuto, marcara el gol del empate.

MAYOR REMONTADA DE PUNTOS

El equipo que tuvo que remontar más puntos para proclamarse campeón de Liga fue el Barça de la temporada 1998-99. Después de cuatro derrotas seguidas en su habitual diciembre negro, el equipo de Van Gaal se quedó a nueve puntos del sorprendente Mallorca de Cúper en la decimocuarta jornada. Era décimo.

Pero en un santiamén dio la vuelta a la tortilla. El Barça logró cinco victorias seguidas, pincharon todos los equipos que le precedían y al final de la primera vuelta (decimonovena jornada) ya era líder. Y no paró. Cogió carrerilla y arrasó en la segunda parte de la Liga. Terminó el torneo con once puntos de ventaja sobre el segundo (Real Madrid).

CAMPEÓN MÁS INESPERADO

Con el antiguo sistema de puntuación (dos puntos por victoria), el Atlético de Madrid protagonizó la remontada más llamativa para ganar la Liga. Fue en la temporada 1949-50: liga de catorce equipos y veintiséis jornadas. Al final de la primera vuelta, el equipo rojiblanco, entrenado por *el Mago* Helenio Herrera, era undécimo después de cosechar seis victorias y siete derrotas. Estaba a siete puntos del líder (Real Madrid).

Pero HH se sacó un plan de la chistera. Modificó la posición de algunos jugadores y el Atlético reaccionó: nueve victorias, tres empates y una derrota en la segunda vuelta. Se colocó líder a falta de tres jornadas. Un poco más y la euforia le cuesta cara (en la última jornada empató en el Metropolitano tras ir ganando por 4-1 al Valencia, que aún luchaba por el título), pero finalmente la mágica remontada del Atlético de HH se consumó.

SEIS PENALTIS

Seis penaltis. Ahí está el récord de penas máximas señaladas por un árbitro en un partido de Primera. El encargado de llegar a esa impresionante cifra de penaltis fue el hierático colegiado andaluz José Japón Sevilla, en el Real Oviedo-Real Valladolid disputado el 19 de mayo de 1996. El partido, de la penúltima jornada, entre un equipo ya salvado y otro que necesitaba ganar obligatoriamente para eludir el descenso, dio que hablar, dio que pensar y tuvo todos los ingredientes para que Japón Sevilla alcanzara el cénit de la notoriedad que tanto le gustaba.

El colegiado pitó tres penaltis en la primera parte (dos a favor del Oviedo y uno en contra) y tres en el segundo periodo (todos a favor del Valladolid). Todos se marcaron: dos por Christiansen y cuatro por Peternac. Y el partido acabó con el escandaloso resultado de 3-8. Los ocho goles del equipo castellano se los repartieron Peternac (5) y Quevedo (3). Desde entonces, solo un equipo volvió a contar con dos jugadores que marcaran tres o más goles en un partido de

Primera: el Madrid en el 10-2 ante el Rayo de finales de 2015 (cuatro goles de Bale y tres de Benzema).

SEIS EXPULSIONES

Seis expulsiones. Ahí está el récord de tarjetas rojas mostradas por un árbitro en un partido de Primera. El encargado de llegar a esa impresionante cifra de expulsiones fue el manejante Pino Zamorano, en el Espanyol-Barcelona disputado el 13 de diciembre de 2003. Pino Zamorano, madrileño de nacimiento, adscrito al colegio castellano-manchego para favorecer su promoción, repartió las expulsiones: tres pericos y tres culés.

El primero en caer fue De la Peña (minuto 39). En la segunda parte fueron eliminados Márquez (47'), Quaresma (51'), Soldevilla (60'), Cocu (64') y Lopo (85'). El final del encuentro pareció un partido de fútbol-7 jugado en el estadio olímpico de Montjuïc. Lo de menos casi fue el resultado. El Barcelona ganó por 1-3 y todos los goles se marcaron antes del carrusel de expulsiones.

DERBIS CALIENTES

Los tres enfrentamientos que más expulsiones han provocado en la historia de Primera son derbis. Empezando por el Barcelona-Espanyol (50), siguiendo por el Sevilla-Betis (43) y terminando por el Real Madrid-Atlético (42). Está claro que la rivalidad que rodea los partidos entre vecinos se traslada al terreno de juego.

Las seis rojas de Pino Zamorano en el Espanyol-Barça de la temporada 2003-04 ayudan a que el derbi barcelonés ocupe el primer lugar del *ranking*, pero no valdría solo con eso. Las escaramuzas entre pericos y culés se han repetido a lo largo de los años hasta provocar 26 expulsiones de jugadores del Barcelona y 24 de jugadores del Espanyol en los 162 partidos entre ambos equipos en Liga.

Los Sevilla-Betis de Primera han propiciado 43 expulsiones (22+21), siete menos que los Barça-Espanyol, pero en apenas 89 partidos. Las 20 rojas a merengues y las 22 a colchoneros dejan al derbi madrileño en tercer lugar.

Récord de tarjetas

El récord de amonestaciones en un partido de Primera está en poder del pistolero González Vázquez, el más rápido del Oeste, que por algo era colegiado gallego. En el Athletic-Racing del 26 de abril de 2009 no paró de echarse mano al cinto para sancionar a diestro y siniestro hasta que llegó a las diecisiete tarjetas amarillas (ocho de ellas forzaron las expulsiones por doble amonestación de Yeste, Marcano, Pinillos y Jonathan Pereira). Para rematar la faena, González Vázquez sacó una roja directa a Orbaiz. Total: dieciocho infracciones de jugadores con premio de tarjeta.

Otro pistolero del Oeste, el extremeño Gil Manzano, casi iguala el récord cuatro años después, en el Granada-Levante del 17 de marzo de 2013, pero logró algo casi más difícil e insólito, desde luego en partidos de Primera: amonestar a dieciséis jugadores sin expulsar a ninguno.

Un partido sin jugar

De los casi veinticuatro mil partidos programados en la historia de la Primera División española, solo uno no se llegó a disputar. El 30 de marzo de 1980 se debieron haber enfrentado el Club Deportivo Málaga y la Agrupación Deportiva Almería (ambos clubes ya desaparecidos), pero el equipo malagueño no se presentó a jugar en el estadio del Mirador de Algeciras en señal de protesta por la clausura de La Rosaleda por unos graves incidentes ocurridos dos semanas antes en un partido contra el Rayo.

El Comité de Competición de la Real Federación Española de Fútbol decidió dar por perdido el encuentro al Málaga por 0-1 y le restó tres puntos en la clasificación.

Cuatro semanas después, el equipo malagueño se vio involucrado en otro escándalo al comprobar el Comité de Competición que varios jugadores habían sido sobornados por el presidente y el entrenador del Salamanca para perder. El resultado (0-3) se declaró nulo y al Salamanca le quitaron los dos puntos supuestamente ganados con malas artes en el terreno de juego. Además, el entrenador del equipo charro,

Felipe Mesones, fue suspendido por dos años, lo mismo que los jugadores del C. D. Málaga Orozco y Castronovo, mientras que sus compañeros Migueli, Corral, Aráez y Macías fueron castigados con un año. Además, se propuso la inhabilitación del presidente del Salamanca, José Luis Paniagua.

El asunto, posteriormente, llegó a la justicia ordinaria, que, tras varios meses de investigación, anuló las decisiones del Comité de Competición por falta de pruebas. Es lo más cerca que ha estado la Federación de castigar un amaño. Nunca ha encontrado pruebas (tampoco es que haya buscado mucho), aunque en algunos casos saltaban a la vista.

ALINEACIONES INDEBIDAS

Dos alineaciones indebidas en partidos de Primera División motivaron sentencias distintas del Comité de Competición. El Racing de Santander perdió el punto que había sumado ante Osasuna empatando (0-0) en los Campos de Sport en la decimosexta jornada de la temporada 2003-04. El equipo cántabro pagó el fallo de su entrenador, Lucas Alcaraz, que se equivocó en un cambio. Metió al uruguayo Regueiro por Javi Guerrero. Se dio cuenta enseguida y rectificó (sustituyó al brasileño Anderson por Jónatan), pero Osasuna reclamó la alineación indebida en el Racing de cuatro extracomunitarios (la cuota era de tres) durante dos minutos. El Comité de Competición, sin respetar decisiones anteriores y haciendo caso omiso a la jurisprudencia, sorprendió dando validez al resultado (Osasuna esperaba obtener la victoria en los despachos) y penalizó al Racing con un punto.

La sentencia nada tuvo que ver con la dictada después del Valladolid-Betis de la decimoséptima jornada de la temporada 1998-99. La infracción fue idéntica. Kresic, entrenador del Valladolid, se equivocó en un cambio (introdujo al colombiano Harold Lozano por Santamaría) y cinco minutos más tarde, para subsanar el error, suplió al argentino Klimowicz por Alberto. El Betis, después de perder el partido por 2-1 (con dos goles de Peternac y uno de Oli), denunció la alineación indebida de cinco extracomunitarios del Valladolid (el cupo era entonces de cuatro). El Comité de

Competición, en este caso, aplicó a rajatabla el reglamento: anuló el resultado y dio el encuentro por ganado al Betis de Clemente por 0-3.

PARTIDO REPETIDO

Antiguamente, las alineaciones indebidas en la Liga española se castigaban de otra manera. Una de ellas provocó la repetición de un partido de la máxima categoría por primera y hasta ahora única vez en la historia liguera. Así pasó en 1987 con un Sabadell-Osasuna. El 19 de abril, en la trigésimo sexta jornada (de 44) de la Liga 1986-87, el conjunto catalán venció en la Nova Creu Alta por 1-0, con gol de penalti de Perico Alonso. Osasuna denunció la alineación indebida de dos debutantes del equipo arlequinado: el danés Brylle y el germano-polaco April. El club navarro interpretaba que ambos jugadores no tenían sus papeles en regla, que no disponían de la documentación exigida a los extranjeros para desarrollar su trabajo en España.

Las autoridades deportivas, sobre todo desde el Consejo Superior de Deportes, dieron la razón a Osasuna. El encuentro, sin Brylle y April, se repitió en el mismo escenario dos meses más tarde, cuando solo faltaba una jornada para terminar la Liga. El Sabadell volvió a ganar, en este caso por 2-1, y tres días después aseguró su permanencia a costa, precisamente, de Osasuna, que tuvo que luchar por su continuidad en Primera ante Racing y Cádiz en una liguilla definitiva.

Por cierto, Brylle y April se marcharon del Sabadell al terminar esa Liga y no volvieron a jugar en el fútbol español.

PUNTOS DE MENOS

Además del C. D. Málaga y del Racing de Santander, otro equipo perdió puntos por sanción en la clasificación de ligas de Primera. Fue hace poco, en la última Liga. La U. D. Almería se enteró en febrero de 2015 de una sanción impuesta por FIFA por no saldar la deuda contraída con el Aalborg.

El club danés reclamó unos cincuenta mil euros por los

derechos de formación de Jakobsen, un defensa que militó en la U. D. Almería de 2010 a 2012. La FIFA castigó al club español con tres puntos. La U. D. Almería recurrió al TAS (tribunal internacional de justicia deportiva), que retrasó su decisión para desesperación del club andaluz y de los equipos con los que estaba luchando por la permanencia.

Al final, después de tres meses de suspense, la U. D. Almería bajó a Segunda por los malos resultados deportivos, retiró el ya inútil recurso (el TAS se lavó las manos) y acabó la Liga en penúltima posición con veintinueve puntos.

HUELGAS

Dos jornadas de huelga de los futbolistas profesionales afectaron a sendas jornadas de Primera División. Los jugadores, que durante décadas estuvieron sometidos en España a una reglamentación de índole feudal, aprovecharon el sistema democrático y la nueva legislación laboral para luchar contra unas normas que no se entenderían en la actual coyuntura.

La Asociación de Futbolistas Españoles (AFE) tuvo que forzar la situación para lograr abolir, por ejemplo, el derecho que tenían los clubes de retener a un jugador que acababa contrato. Por esto y por más cosas, y contra la posición inmovilista de los clubes, la AFE presionó y empezó a sentirse fuerte cuando tuvo éxito su primera huelga, en 1979 (la vigésimo tercera jornada de la Liga 1978-79 se retrasó una semana).

Luego, en la temporada 1981-82, convocó dos nuevos paros que hicieron daño a clubes y federación, que había confeccionado un apretado calendario de competiciones pensando en el inminente Mundial que se iba a celebrar en España. La Liga empezó con dos semanas de retraso y en la trigésimo segunda jornada, ya sin margen de maniobra y en abierta lucha por el título y por evitar el descenso, los partidos se tuvieron que jugar de cualquier manera, con profesionales o con jugadores de los equipos filiales o juveniles. Las plantillas de Real Madrid y Zaragoza fueron las únicas que secundaron el paro al completo, apoyados por casi todos los futbolistas del Castellón y algunos de Valencia, Racing y Betis.

Aprovecharon esta extraña jornada, la primera afectada por una huelga, para debutar en Primera chavales que luego tuvieron larga carrera en la categoría, como Bermell, Chendo, Espinosa, Fraile, Míchel y Ochotorena.

La segunda jornada de Primera disputada por futbolistas con licencia de aficionados o juveniles llegó en la Liga 1984-85. Fue un éxito rotundo para la AFE. Una huelga total. Ningún profesional en los nueve partidos de Primera del 9 de septiembre de 1984, lo que dio pie al debut de jugadores que hicieron posteriormente historia en el fútbol español, como Rafa Paz, Villarroya, Losada, Álvaro, Martín Domínguez, Rivas, Albistegi, Arroyo, Chano, Cuaresma, Ferreira, Ibáñez, Juan Carlos, Joseba Aguirre, Liaño, Luis Sierra, Milla, Ribera, Torrecilla o Loren.

Desde entonces, ya con los objetivos primordiales cumplidos y sus sindicalistas convertidos en trabajadores privilegiados, con derechos laborales plenos y el reconocimiento social y económico que siempre han tenido, los paros promovidos por la AFE han quedado en amenazas o en huelgas fantasma que han provocado, como mucho, el retraso de algunas jornadas.

PLAY-OFF

Las huelgas fueron uno de los problemas que afectaron al fútbol español al principio de los años ochenta. Pero la enfermedad tuvo otras razones: las deudas generadas por la organización del Mundial de 1982, las negociaciones con la televisión única, el tira y afloja por el dinero de las quinielas y la violencia en los estadios. El fútbol era un lío. Para superar la crisis, los gestores de la nueva Liga de Fútbol Profesional (LFP), creada en 1984, se fijaron en el baloncesto, deporte que amenazó durante esos años la supremacía del fútbol. Tuvieron una idea, que luego se demostró equivocada.

A la temporada 1986-87 le añadieron un epílogo al tradicional torneo liguero, algo así como un *play-off* que en realidad era una liguilla final que reunía por un lado a los seis primeros (que tenían el aliciente de luchar por el título), por otro a los seis segundos (que no pintaban nada) y por fin a los seis últimos (que querían escapar del descenso). La confusión aumentó entre los aficionados, que luego se quedaron anonadados cuando se creó de la nada, pero por intercesión de Manuel Irigoyen (presidente del Cádiz), una liguilla requetefinal entre los tres últimos, de la que salió perjudicado el Racing, único equipo que bajó a Segunda en esta campaña.

El engendro resultó tan perjudicial que la LFP, para la temporada 1987-88, amplió a veinte el número de equipos en Primera y en Segunda, y decidió no hacer más experimentos con la Liga.

LIGA DE VEINTIDÓS

En los últimos treinta años, la gran movida en la Liga española se produjo en el verano de 1995. La LFP decidió el 1 de agosto excluir de la organización al Sevilla (quinto en el torneo anterior y clasificado para la Copa de la UEFA) y al Celta (decimotercero) por no presentar en tiempo y forma los avales económicos precisos para iniciar la competición. Ambos equipos debían descender directamente a Segunda B. Los beneficiados fueron Albacete y Valladolid, que volvían a Primera, más Getafe y Leganés, que recuperaban sus puestos en Segunda.

Los recursos de Sevilla y Celta no tuvieron fundamentos jurídicos para revertir la situación. Pero lo que no pudieron solucionar los clubes sí que pudieron hacerlo los aficionados. Miles de seguidores de Sevilla y Celta se echaron a la calle y lograron convencer al Consejo Superior de Deportes y al Gobierno de Felipe González, agobiado ya por otros incendios.

Ambos clubes fueron readmitidos en Primera, categoría que pasó a tener veintidós equipos. En 1997, los cuarenta y dos equipos de la LFP empezaron a repartirse en veinte de Primera y veintidós de Segunda, y así seguimos.

CENTENARIOS GAFADOS

Las celebraciones de los centenarios cogieron mala fama durante unos años después de que los clubes más mediáticos sufrieran notables reveses en días tan señalados.

El Barcelona perdió (0-1) con el Atlético de Madrid un

partido de Liga disputado en el Camp Nou el 28 de noviembre de 1998, el día que eligió para abrir los actos que conmemoraban sus cien años de vida.

El Real Madrid tampoco se libró. Florentino Pérez se llevó un berrinche de órdago al perder (1-2) la final de la Copa del Rey frente al Deportivo, organizada el 6 de marzo de 2002 en el estadio Santiago Bernabéu para celebrar una fiesta que acabó siendo un desastre.

Y el Atlético de Madrid no podía ser menos y también cayó en la maldición del centenario al perder (0-1) el 26 de abril de 2003 ante Osasuna, en un partido de Liga jugado en el Vicente Calderón y que fatalistas hinchas rojiblancos daban por perdido de antemano.

LIGA POR DÉCADAS

Si se divide la Liga por décadas, resulta interesante averiguar cuáles fueron los clubes, jugadores y entrenadores más destacados en su momento.

Antes de la guerra civil, el mejor club de Primera fue el Athletic (229 puntos), el futbolista que disputó más partidos fue el donostiarra Marculeta (147), el máximo goleador fue el vizcaíno Bata (108) y el entrenador con más partidos fue Patricio Caicedo (116).

En la postguerra y en los años cuarenta, el mejor club de Primera fue el Valencia (347 puntos), el futbolista que disputó más partidos fue el asturiano Antón (265), el máximo goleador fue el vizcaíno Zarra (182) y el entrenador con más partidos fue Ricardo Zamora (268).

En los años cincuenta, el mejor club de Primera fue el Barcelona (418 puntos), el futbolista que disputó más partidos fue el vizcaíno Canito (260), el máximo goleador fue el argentino Di Stéfano (161) y el entrenador con más partidos fue Ferdinand Daučik (276).

En los años sesenta, el mejor club de Primera fue el Real Madrid (451 puntos), el futbolista que disputó más partidos fue el valenciano Iborra (281), el máximo goleador fue el madrileño Luis (121) y el entrenador con más partidos fue Miguel Muñoz (300).

En los años setenta, el mejor club de Primera fue el Real Madrid (444 puntos), el futbolista que disputó más partidos fue el barcelonés Solsona (293), el máximo goleador fue el asturiano Quini (148) y el entrenador con más partidos fue Carriega (317).

En los años ochenta, el mejor club de Primera fue el Real Madrid (531 puntos), el futbolista que disputó más partidos fue el pontevedrés Jiménez (351), el máximo goleador fue el mexicano Hugo Sánchez (204) y el entrenador con más partidos fue Javier Clemente (289).

En los años noventa, el mejor club de Primera fue el Barcelona (659 puntos), el futbolista que disputó más partidos fue el cordobés Cristóbal (343), el máximo goleador fue el búlgaro Penev (116) y el entrenador con más partidos fue Javier Irureta (343).

En la primera década del siglo XXI, el mejor club de Primera fue el Real Madrid (779 puntos), el futbolista que disputó más partidos fue el madrileño Casillas (358), el máximo goleador fue el camerunés Eto'o (156) y el entrenador con más partidos fue Miguel Ángel Lotina (356).

En la segunda década del siglo XXI, hasta el final de la Liga 2014-15, el mejor club de Primera fue el Barcelona (468 puntos), el futbolista que disputó más partidos fue el chileno Bravo (180), el máximo goleador fue el portugués Cristiano Ronaldo (199) y el entrenador con más partidos fue Unai Emery (171).

¿La mayor goleada de la Liga?

por JON RIVAS

¿*M*i impresión? Aquel gol que figura en las estadísticas nunca subió al marcador. Y entonces los goles subían literalmente al marcador, al menos en San Mamés, donde se colgaba, mediante una polea, el tablón con el número, en lo alto de un mástil.

El 5 de febrero de 1933, un Athletic poderoso jugaba frente al Racing santanderino en los últimos compases del campeonato de Liga. Los periódicos daban cuenta de la presencia en el campo de Nahnine Yvonne, la esposa de mister Pantland, «y de su encantadora hija, Angela». El campo estaba lleno, como de costumbre, a las 15:30 horas. Y el partido fue un espectáculo.

Pero queda la estadística. Según la historia de la Liga, el Athletic ganó por un contundente 9-5 y desde esa fecha, ningún partido del campeonato ha generado un número mayor de goles. Catorce tantos no se marcan así como así. La cifra superó los trece que se sumaron en la histórica goleada del equipo bilbaíno al FC Barcelona por 12-1 dos años antes.

Sin embargo, la lectura de los periódicos vizcaínos de la época hace tambalear la historia. Ni *La Gaceta del Norte* ni *La Tarde* ni *El Noticiero Bilbaíno* ni *El Nervión* ni *El Liberal* ni el deportivo *Excelsius* corroboran ese marcador. Todos dicen que el partido acabó 9-4. ¿Y dónde está el gol que falta? Ese es el misterio. Las crónicas de aquellos tiempos resultaban muy minuciosas. Relataban, jugada a jugada, casi todas las acciones del partido y resulta inverosímil que todos los periodistas y todos los periódicos se equivoquen a la vez.

Y no solo la prensa de Bilbao reportaba el 9-4 como resultado final: la crónica del *El Diario Montañés*, periódico de Santander, también lo hacía. Es, como en el caso de los diarios de la capital vizcaína, un relato extenso, con una visión diferente, como es lógico inclinada hacia su equipo representativo, pero que en el relato de los goles, bien explicados, tampoco se refiere en ningún momento al que supuestamente consiguió Loredo y que debía ser el 7-5, ya que luego Unamuno y Gorostiza redondearon el marcador.

De hecho, el resultado de 9-5 solo figura en los periódicos de otros lugares, los de Madrid, Barcelona, o San Sebastián, por ejemplo, todos ellos con un relato similar: breve y con lenguaje de agencia informativa, es decir, sacados de una misma fuente.

Para más confusión, el diario deportivo *Excelsius* publicó, dos días más tarde, un artículo titulado: «¿Quién quiere un goal?». Se refería al tanto fantasma que el árbitro concedió: «En San Mamés quedó el domingo último un goal a disposición de quien lo quiera coger. Ledesma fabricó un goal con el viento de su silbato. Un goal efímero que no era más que aire canalizado por una veleidad. Lo elaboró con tanta precipitación que se desinfló enseguida, sin pena de quienes pudieron ser los agraciados. En medio del campo está, sin que nadie se atreva a recogerlo, como si quemase o oliese mal. Todos lo vieron, o mejor dicho: todos no lo vieron, y con una sinceridad honradísima y unánime, rechazaron un regalo que si resultó desdeñable al final, llegó en un momento en el que servía para inclinar la balanza hacia Bilbao».

El gol que no existió, ¿o sí?, es un gol de récord. Todavía 75 años después se recuerda quién lo marcó, aunque nadie lo vio marcar.

Preguntas de Torneos

1. ¿En qué año de *crack* se disputaron los primeros partidos de la Liga española?

. . . .

2. ¿Cuál fue el primer equipo que descendió a Segunda División?

. . . .

3. ¿Cuál fue el primer equipo que ascendió a Primera División?

. . . .

4. ¿Cuántos equipos participaron en la primera edición de la Liga?

. . . .

5. ¿Qué equipos cantábricos empataron en la cabeza de la clasificación al final de la temporada 1930-31?

. . . .

6. ¿Cuántos equipos vascos militaron en Primera en las temporadas 1930-31 y 1931-32?

. . . .

7. ¿Cuál fue el primer equipo andaluz que jugó en Primera y ganó la Liga?

. . . .

8. ¿Qué equipos ascendieron a Primera en 1936 pero tuvieron que esperar hasta 1939 para debutar en la máxima categoría?

. . . .

9. ¿Qué dos equipos rojiblancos fallaron en la última jornada de la temporada 1946-47 para que ganara la Liga el Valencia?

. . . .

10. ¿Qué dos equipos de la provincia de Alicante bajaron a Segunda en 1946?

· ·

11. ¿En qué año pasó la Primera División de tener catorce a dieciséis equipos?

· ·

12. ¿En qué categoría militaba el Betis cuando el Sevilla ganó la Copa en 1948?

· ·

13. ¿Qué equipo ha ganado Liga y Copa en la misma temporada en más ocasiones?

· ·

14. ¿Ante qué equipo perdió el Real Madrid en 1965 después de más de ocho años sin derrotas ligueras en el Santiago Bernabéu?

· ·

15. ¿Qué dos equipos se repartieron los títulos en las diez ligas entre 1960 y 1970?

· ·

16. ¿Qué equipos empataron en la última jornada de la temporada 1970-71 para darle la Liga al Valencia?

· ·

17. ¿Qué equipos de la misma ciudad bajaron a Segunda en 1968?

· ·

18. ¿Qué equipos andaluces debían haber jugado el único partido de Primera que no se disputó?

· ·

19. ¿Qué equipo sufrió en 1986 su primer y único descenso a Segunda?

· ·

20. ¿Qué equipos se enfrentaron en el partido de Primera que fue anulado y repetido por alineación indebida en la Liga 1986-87?

· ·

21. ¿Qué equipo propuso una insólita liguilla para eludir el descenso a Segunda en la temporada 1986-87?

· ·

22. ¿Qué equipo subió cuatro veces a Primera y bajó tres veces a Segunda en temporadas consecutivas de los años 60?

. . . .

23. ¿Qué equipos estuvieron a punto de bajar de Primera a Segunda B en 1995 por no tener unos avales en regla?

. . . .

24. ¿Qué equipo le marcó 8 goles al Real Madrid en un partido de Liga en 1930?

. . . .

25. ¿Qué equipo le marcó 12 goles al Barcelona en un partido de Liga en 1931?

. . . .

26. ¿Qué equipo le marcó 11 goles al Barcelona en un partido de Liga en 1940?

. . . .

27. ¿En qué campo celebró el Barcelona su título de Liga de 1999?

. . . .

28. ¿En qué campo celebró el Real Madrid su título de Liga de 2008?

. . . .

29. ¿Cuántos títulos de Liga ha ganado el Zaragoza?

. . . .

30. ¿Cuántas temporadas ha militado el Sporting de Gijón en Segunda B?

. . . .

31. ¿Cuál es el equipo que ha ascendido más veces a Primera?

. . . .

32. ¿Cuál es el resultado más repetido en la historia de Primera?

. . . .

33. ¿Cuál es el último equipo que ha marcado diez goles en un partido de Primera?

. . . .

34. ¿Qué portero turco se convirtió en el primer fichaje del Barcelona de Joan Laporta?

. . . .

35. ¿Cuál fue el primer fichaje de Florentino Pérez como presidente del Real Madrid?

. . . .

36. ¿Qué jugador fichó Jesús Gil para ser presidente del Atlético de Madrid en 1987?

. . . .

37. ¿Cuál fue el único club que descendió en 1992 por no convertirse en sociedad anónima?

. . . .

38. ¿Qué internacional irlandés fichó la Real Sociedad en 1989 después de más de treinta años sin extranjeros?

. . . .

39. ¿Qué defensa asturiano contrató la Real Sociedad en 2002 después de más de treinta años sin fichar jugadores españoles nacidos fuera del País Vasco y Navarra?

. . . .

40. ¿Cuál es el derbi que más veces se ha disputado en Primera?

. . . .

41. ¿Cómo se llamaba el campo del Valencia antes de recuperar el nombre de Mestalla?

. . . .

42. ¿Qué club tiene un oso en su escudo?

. . . .

43. ¿Qué animal aparece en los escudos de Valencia, Levante, Alcoyano y Albacete?

. . . .

44. ¿Qué club de Primera tiene trece barras en su escudo?

. . . .

45. ¿Qué equipo fue subcampeón de Liga en 2008?

. . . .

46. ¿Qué equipo empezó la Liga 2015-16 con seis partidos sin marcar?

. . . .

47. ¿Qué equipo de Segunda jugó la final de Copa en 1980?

. . . .

48. ¿Qué equipo disputó la final de Copa en 2003 después de certificar su descenso a Segunda?

. . . .

49. ¿Qué equipo de Segunda B llegó a semifinales de Copa en 2012?

. . . .

50. ¿Qué equipo ganó en 1982 la primera Supercopa de España?

. . . .

Respuestas de Torneos

1. 1929.
2. Atlético de Madrid.
3. Alavés.
4. Diez.
5. Athletic, Racing y Real Sociedad.
6. Cinco.
7. Betis.
8. Celta y Zaragoza.
9. Athletic de Bilbao y Atlético de Madrid.
10. Alcoyano y Hércules.
11. 1950.
12. Tercera División.
13. Barcelona.
14. Atlético de Madrid.
15. Real Madrid y Atlético de Madrid.
16. Atlético de Madrid y Barcelona.
17. Betis y Sevilla.
18. CD Málaga y AD Almería.
19. Valencia.
20. Sabadell y Osasuna.
21. Cádiz.
22. Deportivo.
23. Sevilla y Celta.
24. Espanyol.
25. Athletic.
26. Sevilla.
27. Mendizorroza.
28. El Sadar.
29. Ninguno.
30. Ninguna.
31. Betis.
32. Victoria local por 1-0.
33. Real Madrid.
34. Rüstü Reçber.
35. Figo.
36. Futre.
37. Murcia.
38. Aldridge.
39. Boris.
40. Barcelona-Espanyol.
41. Luis Casanova.
42. Atlético de Madrid.
43. Murciélago.
44. Betis.
45. Villarreal.
46. Málaga CF.
47. Castilla.
48. Recreativo.
49. Mirandés.
50. Real Sociedad.

Diez pistas para encontrar un futbolista

1. De pasada, pero su nombre aparece en este libro.
. . . .
2. Nació en Madrid como pudo haber nacido en Valladolid.
. . . .
3. Vino con una Copa de Europa bajo el brazo.
. . . .
4. Diga 33.
. . . .
5. Pareja de Arteche.
. . . .
6. Rafa y Manolo paseando por la Avenida de la Fama.
. . . .
7. Machacando al Zaragoza.
. . . .
8. Leo, Leo, Leo.
. . . .
9. Gana a papá dos a uno.
. . . .
10. Pódium blanco.
. . . .

Respuesta

*L*a respuesta es Sanchís (Manuel Sanchís Hontiyuelo), hijo de Sanchís (Manuel Sanchís Martínez). Nació en Madrid en 1965, un año después de que su padre fichara por el Real Madrid procedente del Valladolid. Al año siguiente su padre ganó la Copa de Europa, la Sexta (Sanchís conquistó posteriormente la Séptima y la Octava). Sanchís, jugador de un solo club, es tercero en la relación de futbolistas con más partidos disputados con el Real Madrid (por eso aparece su nombre en este libro), por detrás de Raúl y Casillas. El primero fue contra el Murcia en La Condomina, estadio al que se puede llegar paseando por la avenida de la Fama. Debutó con el Real Madrid el 4 de diciembre de 1983, el mismo día que Rafa Martín Vázquez, y marcó el único gol del partido. Su primer entrenador como jugador de la primera plantilla fue Alfredo di Stéfano, y con el que pasó más tiempo fue Leo Beenhakker. Jugó casi siempre como defensa central, pero llegó a marcar 40 goles con el Real Madrid (33 de ellos en Liga). Es el futbolista que más veces ha ganado a un mismo equipo en la historia de Primera: 22 victorias ante el Zaragoza. Entre 1986 y 1992 disputó 48 partidos con la selección española (debutó contra Rumanía formando pareja con el rojiblanco Arteche en el centro de la defensa).

ENTRENADORES

OCHENTA Y CUATRO TÍTULOS Y NOVENTA Y UN CAMPEONES

*L*os ochenta y cuatro títulos de Liga disputados hasta la temporada 2014-15 corresponden a noventa y un entrenadores, pues siete equipos campeones tuvieron dos directores técnicos a lo largo del torneo.

El Barcelona cambió de entrenador en la primera Liga, en 1929: Bellamy por Forns después de la sexta jornada (era sexto). El Athletic cambió en la Liga 1935-36: Garbutt por Olavarría después de la décima jornada (era líder). Ricardo Zamora no pudo empezar la Liga 1940-41 como entrenador del Atlético de Madrid por problemas con el régimen franquista; Lafuente ocupó su puesto en las diez primeras jornadas (era segundo). El Madrid cambió de técnico en la Liga 1954-55: Villalonga por Enrique Fernández después de la decimotercera jornada (era líder).

El Madrid despidió a Miljanić después de perder en Salamanca en la primera jornada de la Liga 1977-78; luego, ya con Molowny, ganó el título con relativa comodidad. Rexach, durante seis jornadas de la Liga 1990-91, sustituyó en el Barcelona a Cruyff, que sufrió un infarto en febrero de 1991. Y Jordi Roura ocupó el banquillo del equipo azulgrana en diez jornadas de la Liga 2012-13 por la grave enfermedad de Tito Vilanova.

CAMPEONES CON DOS PRESIDENTES

Siete equipos ganaron la Liga utilizando dos entrenadores. Más raros aún son los clubes que conquistaron el título con dos presidentes en esa temporada. De hecho, solo han sido tres.

El Barça ganó la primera Liga cambiando de entrenador y de presidente. Lo primero fue consecuencia de lo segundo. Balaguer, presidente por amistad con Miguel Primo de Rivera y Alfonso XIII, dimitió en marzo de 1929; le sucedió Gaspar Rosés. Su primera decisión fue contratar a Bellamy como técnico y la jugada salió perfecta.

El Atlético (Aviación) también ganó la Liga en las temporadas 1939-40 y 1940-41 cambiando de presidente. En este caso, los relevos se debieron a la vinculación del club con el Ministerio del Aire: Navarro sustituyó a Vives en diciembre de 1939; mientras que Gallego sustituyó a Navarro en marzo de 1941 por imperativos y decisiones políticas.

DIMISIONES CON POLÉMICA

Abundando en el asunto de los presidentes, solo dos dimitieron de clubes españoles tras ganar la Liga y con el equipo líder en la siguiente temporada, es decir, con la parcela deportiva funcionando a las mil maravillas. Ambos fueron presidentes del Barcelona y tuvieron que dejar su cargo por fichajes polémicos.

Enrique Martí tuvo que dimitir el 22 de septiembre de 1953 por aceptar la decisión de la Delegación Nacional de Deportes sobre Di Stéfano. Barça y Madrid debían compartir los derechos del jugador, que militaría dos años alternos en cada club. Un mes después, los miembros de la comisión gestora que asumió transitoriamente el poder renunciaron a los derechos del Barça sobre Di Stéfano.

Sandro Rosell dimitió el 23 de enero de 2014 después de que el juez Ruz admitiera a trámite una querella presentada por un socio del Barça por fraude en el fichaje de Neymar.

ENTRENADORES DE AQUÍ Y DE ALLÁ

Entrenadores de quince países han ganado la Liga española, con el siguiente reparto: España (44), Países Bajos (12), Argentina (8), Inglaterra (6), Uruguay (4), Eslovaquia (3), Macedonia (3), Serbia (2), Italia (2), Hungría, Irlanda, Francia, Austria, País de Gales, Alemania y Portugal.

El reparto por comunidades de los cuarenta y cuatro títulos de Liga de los entrenadores españoles se hace así: Madrid (12), Cataluña (11), País Vasco (9), Galicia (3), Canarias (3), Andalucía (2), Castilla y León (2), Asturias y Valencia.

Los entrenadores españoles estuvieron trece temporadas sin ganar la Liga entre el título conquistado por Molowny con el Madrid en 1985-86 y por Irureta con el Deportivo en 1999-2000 (con la excepcional y transitoria aparición de Rexach con el Barça en 1991). Durante esos años dominaron los afamados técnicos neerlandeses, que en total han ganado doce ligas: cuatro de Cruyff, tres de Beenhakker, dos de Van Gaal, dos de Rijkaard y una de Michels.

NUEVE DE MUÑOZ

Miguel Muñoz es el entrenador con más títulos de Liga en su palmarés, con nueve, seguido por el uruguayo Enrique Fernández, el argentino Helenio Herrera y el holandés Johan Cruyff, que lograron cuatro.

Muñoz dirigió al Madrid durante catorce años seguidos, entre abril de 1960 y enero de 1974. Primero aprovechó la fortaleza del equipo liderado por Di Stéfano y Puskás para conquistar cinco títulos seguidos. Luego, con la ayuda de extraordinarios jugadores que siguieron de la generación anterior, como Gento y Amancio, acertó en la renovación para formar el Madrid *ye-ye* y ganar tres ligas más, también consecutivas. A partir de 1969, el Madrid de Muñoz empezó a dar síntomas de estancamiento, pero aún tuvo fuerzas para cantar el alirón en 1972.

TÍTULOS CON DOS EQUIPOS

Cuatro entrenadores han ganado la Liga española con dos equipos distintos, todos ellos hace más de cincuenta años. El primero, y con un enorme mérito, fue el gallego Ramón Encinas, con quien el Valencia logró su primer título en 1942 y con quien el Sevilla logró su único título de Liga en 1946.

El uruguayo Enrique Fernández es el único técnico que ha ganado la Liga con el Barça (en los años cuarenta) y el

Madrid (en los años cincuenta). El eslovaco Daučik conquistó dos títulos seguidos con el Barça liderado por su cuñado Kubala (1951-52 y 1952-53) y otro con el Athletic (1955-56). El argentino Helenio Herrera hizo doblete liguero con el Atlético de Madrid (1949-50 y 1950-51) y con el Barcelona (1958-59 y 1959-60) antes de irse a Italia para triunfar también en el Inter.

DOS DE DOS

Fabio Capello, único entrenador italiano que ha ganado la Liga española, tiene un curioso récord al haber conquistado dos títulos en sus dos únicas temporadas en el fútbol español. En ambos casos, después de ganar la Liga rompió su relación con el Real Madrid.

En la temporada 1996-97 se hizo cargo de un equipo que ni siquiera se había clasificado para competiciones europeas en la campaña anterior. Tuvo que hacer frente al Barça del mejor Ronaldo y necesitó noventa y dos puntos para cantar el alirón en la penúltima jornada (41 de 42) ganando en el Bernabéu al Atlético, que había hecho doblete un año antes.

En la temporada 2006-07, Capello también llegó a un Madrid tocado, con Ramón Calderón como nuevo presidente tras la dimisión de Florentino Pérez, y con un rival enorme. Pero el Barça de Rijkaard (con Ronaldinho, Eto'o, Messi, Xavi, Iniesta, Puyol, Valdés...) se durmió en los laureles y dejó que el Madrid le adelantara en las últimas jornadas.

SIN MADRID O BARÇA

Siete entrenadores han ganado dos títulos de Liga con equipos que no sean ni Madrid ni Barça. El inglés Frederick Pentland, el gurú del fútbol español anterior a la guerra civil, fue campeón con el Athletic en 1930 y 1931. Ricardo Zamora dio alas al Atlético (Aviación, por entonces) para conquistar el título en 1940 y 1941. Ramón Encinas ganó la Liga con el Valencia en 1942 y con el Sevilla en 1946. Helenio Herrera dejó el Valladolid para dar un salto de calidad en el Atlético de Madrid campeón en 1950 y 1951. Alberto Ormaechea sacó lo mejor de la gran generación de jugadores de la Real Sociedad para ganar el título en 1981 y 1982. Javier Clemente devolvió la grandeza al Athletic ganando la Liga en 1983 y 1984. Y, por último, Rafa Benítez convirtió al Valencia en una roca antigaláctica que cantó el alirón en 2002 y 2004.

BOMBERO DE CATEGORÍA

La trayectoria de Molowny como entrenador del Madrid merece un capítulo aparte. Fue nombrado figuradamente «bombero» del Madrid por Santiago Bernabéu después de ser subcampeón con Las Palmas en 1969. Y cumplió con nota cuando tuvo que acudir a apagar incendios.

Cuatro veces entrenador del Madrid. Siempre para sustituir a compañeros despedidos. Siempre con títulos. En 1974 suplió a Muñoz: en seis meses ganó una Copa (4-0 al Barça en la final). En 1977 ocupó el puesto de Miljanić: en veintidós meses ganó dos ligas. En 1982 relevó a Boskov: en un mes ganó una Copa. En 1985 sustituyó a Amancio: en trece meses ganó una Liga, una Copa de la Liga y dos títulos de Copa de la UEFA.

Es decir, Molowny ganó ocho títulos en cuarenta y dos meses como entrenador del Madrid. Es, desde luego, el apagafuegos más laureado del fútbol español.

ENTRENADORES LÍDERES

Solo dos entrenadores han sido líderes en más de cien jornadas de Primera. El récord (es de cajón) está en poder de Miguel Muñoz. Su Madrid ocupó el primer puesto en 223 jornadas. Es decir, estuvo al frente de la clasificación en más de la mitad de sus 424 partidos como técnico del equipo blanco. Muñoz también fue líder en una jornada con Las Palmas. Total: 224.

El siguiente es el neerlandés Leo Beenhakker, que fue líder en 105 jornadas: tres en sus cuatro temporadas en el Zaragoza, y 102 en sus cuatro temporadas en el Madrid.

Luego, ya con menos de cien jornadas como líderes, aparecen Guardiola (primero en 87 de sus 152 jornadas como entrenador del Barcelona: 57%) y Rijkaard (primero en 84 de sus 190 jornadas como técnico culé: 44%). El quinto es Molowny, que fue líder en 82 jornadas (81 con el Madrid y 1 con Las Palmas).

LIGAS SIN DESPIDOS

En seis ligas de Primera no hubo cambios de entrenador a lo largo del torneo, todas antes de la guerra civil. El primer relevo se produjo en la primera Liga y el resultado fue excelente: Bellamy sustituyó a Forns en el Barcelona y el equipo azulgrana ganó el título remontando posiciones en la segunda vuelta. Las seis ligas sin cambios de entrenador fueron las siguientes a la primera: 1929-30, 1930-31, 1931-32, 1932-33, 1933-34 y 1934-35 (cinco ligas con la participación de diez equipos; la última con doce).

En la temporada 1935-36, dos equipos de Primera cambiaron de técnico: el Athletic sin motivos deportivos (iba primero con Olabarría, que hizo las funciones de entrenador temporalmente después de ser presidente, y siguió primero con Garbutt) y el Atlético, sin éxito para enderezar el rumbo perdido (primero prescindió de Pentland, luego probó con Marculeta y la opción de Samitier tampoco dio resultado). Jamás se ha completado desde entonces una Liga de Primera sin relevos en los banquillos.

LIGA CON MÁS TÉCNICOS

La Liga de Primera con más entrenadores utilizados fue la de la temporada 1996-97. Se unieron dos factores para provocar este récord: un torneo disputado por veintidós clubes y una extraordinaria desconfianza en los técnicos contratados. No hizo falta la aportación del factor Gil (Antić completó su segunda temporada en el Atlético de Madrid). Entre los que empezaron la Liga (22), los que llegaron con el torneo en marcha (15) y los que hicieron de puente (5), el total de entrenadores utilizados alcanzó la escandalosa cifra de cuarenta y dos.

Tres equipos tuvieron cuatro técnicos a lo largo de la Liga

1996-97: el C. D. Logroñés que fue último (Lotina, Nacho Martín, Líber Arispe y Carlos Aimar), el Sevilla que fue antepenúltimo (Camacho, Antonio Álvarez, Bilardo y Julián Rubio) y el Zaragoza que se acabó salvando (Víctor Fernández, Nieves, Espárrago y Luis Costa).

LIGA CON MÁS DESPIDOS

El factor Gil sí que tuvo mucha influencia en el récord de entrenadores despedidos en una Liga de Primera, establecido en diecisiete en la temporada 1988-89. Jesús Gil, en su segunda temporada como presidente del Atlético de Madrid, destituyó a tres técnicos (Maguregui, Atkinson y Addison) para acabar dando la responsabilidad a Briones, que logró dejar al equipo rojiblanco en cuarta posición.

Los otros catorce entrenadores despedidos en esta Liga fueron (por orden de desaparición) Senekowitsch (Cádiz), Dunai (Murcia), Mesones (Elche), Eusebio Ríos (Betis), Irureta (C. D. Logroñés), Luis Costa (C. D. Málaga), Azkargorta (Sevilla), Clemente (Espanyol), Carlos Aimar (CD Logroñés), Ortega (Sevilla), Kubala (Elche), Mauri (Espanyol), Maguregui (Murcia) y Toshack (Real Sociedad).

MAGUREGUI REPETIDO

No es una equivocación. José María Maguregui fue despedido por dos clubes de Primera en la temporada 1988-89. El entrenador vasco, que hizo carrera, buena y larga, como especialista en equipos con muchas aspiraciones en Segunda y pocas aspiraciones en Primera, no dudó en dejar el Celta en 1988 para fichar por el Atlético de Madrid. Era la oportunidad de su vida. Jesús Gil, en su volantazo más drástico, había decidido pasar de la poesía de Menotti en 1987 a la densa prosa de Maguregui en 1988. Pero se cansó de leer en cinco jornadas.

Así que Maguregui fue despedido del equipo rojiblanco a principios de octubre, pero antes de acabar el mes lo fichó el Murcia, que buscaba entrenador tras prescindir del húngaro Antal Dunai. Maguregui tampoco pudo terminar la tempo-

rada en el Murcia. Lo despidieron después de la vigésimo novena jornada, en abril de 1989.

DOBLE RETO

Maguregui fue el segundo entrenador despedido de dos clubes de Primera en una Liga y es el único que ha dirigido a
dos equipos de Primera en una Liga en los últimos cincuenta
años. Porque los entrenadores españoles respetan, con excepciones como la de Maguregui en Primera, un acuerdo tá-
cito para no trabajar (y cobrar) en dos equipos de la misma
Liga. No está prohibido, pero está mal visto. Hasta 1965 era
relativamente normal que un técnico entrenase a dos clubes
de Primera.

Así sucedió con Helenio Herrera en 1952-53 (Atlético y
C. D. Málaga), Janos Kalmar (Sevilla y Granada) y Luis Miró
(Valencia y Celta) en 1958-59, Antonio Barrios en 1960-61
(Elche y Sevilla), José Luis Saso en 1960-61 (Valladolid y
Mallorca), 1961-62 (Espanyol y Mallorca), y Rosendo Her-
nández en 1964-65 (Elche y Betis, despedido de ambos clu-
bes, como le sucedió a Maguregui).

ENTRENADOR QUE VIENE Y VA

Tampoco es normal que un entrenador sea despedido de un
equipo de Primera y que vuelva a dirigir a ese mismo equipo
antes de terminar la temporada. Pero pasó. En el Valencia de
la Liga 1993-94. Y con un entrenador de prestigio. El neerlandés Guus Hiddink fichó por el Valencia en 1991 después
de su exitosa etapa en el PSV (ganó la Copa de Europa en
1988) y un breve paso por el Fenerbahçe turco.

Sus dos primeras Ligas en el Valencia fueron buenas
(cuarto en 1991-92 y 1992-93), pero el equipo *che* recibió dos
goleadas humillantes en la Copa de la UEFA: 1-5 con el Ná-
poles y 7-0 en Karlsruhe. Esta última derrota, más un 0-3 con
el Madrid en Mestalla, acabaron con el crédito de Hiddink.

Francisco Roig, particular presidente del Valencia, probó
con Paco Real y Héctor Núñez hasta que se dio cuenta de
que lo mejor (y más barato porque aún estaba cobrando del

club) era recuperar a Hiddink, que dirigió al equipo en las once primeras jornadas y en las nueve últimas de la Liga 1993-94.

El caso de Hiddink es histórico en Primera, pero en Segunda no es tan raro. Los últimos entrenadores despedidos y luego repescados por el mismo club de Segunda son Ortuondo en el Rayo de 1997-98, Miguel Álvarez en el Ciudad de Murcia de 2004-05 y José Carlos Granero en el Alicante de 2008-09.

CULMEN GIL

El Atlético de Madrid tiene el récord de entrenadores en una misma Liga de Primera, con seis. El sinsentido de Jesús Gil con los entrenadores llegó a su culmen en la temporada 1993-94. La cadencia de relevos habla por sí misma. Jair Pereira: siete jornadas (dos victorias, tres empates y dos derrotas) para ser décimo. Heredia: cuatro partidos (dos victorias, un empate y una derrota) para ser octavo. Emilio Cruz: ocho partidos (una victoria, cuatro empates y tres derrotas) para ser duodécimo. José Luis Romero: seis partidos (dos victorias y cuatro derrotas) para ser decimocuarto. Ovejero: cuatro partidos (un empate y tres derrotas) para ser decimoséptimo. D´Alessandro: nueve partidos (seis victorias y tres derrotas) para acabar duodécimo y evitar la promoción en la última jornada.

SESENTA Y CUATRO ENTRENADORES

La incendiaria etapa de Jesús Gil como presidente decantó la balanza. El Atlético de Madrid es el club que ha empleado más entrenadores en Primera (64), por delante del Espanyol (57). Y eso que el añorado Luis Aragonés dirigió al equipo rojiblanco en 407 partidos de Primera (16% del total). Y que Ricardo Zamora fue entrenador del Atlético en siete temporadas seguidas. Y que Simeone ya es el técnico con más partidos seguidos en el club.

Pero las ocho primeras temporadas de Jesús Gil como presidente fueron terribles. Pasaron veinte entrenadores, varios de ellos en distintas etapas. Llegó hasta el extremo de despedir a Joaquín Peiró en la pretemporada de la Liga 1990-91. Luego, dando continuidad a Antić, se dio cuenta de los beneficios de mantener a un entrenador, pero nunca se curó del todo.

CLEMENTE Y TOSHACK

Clemente y Toshack son los entrenadores que fueron más veces relevados en Primera con la Liga en marcha. Llegaron a la media docena. Clemente tuvo una aparición arrolladora como entrenador en el fútbol profesional. De hecho, sigue siendo, desde 1983, el español más joven en ganar la Liga, con treinta y tres años y cincuenta días. Y, no contento con eso, en 1984 hizo doblete de Liga y Copa con el Athletic.

Sin embargo, pronto empezó a sufrir la parte más ingrata del oficio. En 1986 padeció su primer despido, el más doloroso, por ser en el equipo de su vida y por no deberse a bajo rendimiento (fue por su insoportable enfrentamiento con Sarabia). Se fue al Espanyol y también triunfó de buenas a primeras: tercero en 1986-87 y subcampeón de la UEFA en 1988. Pero ya nunca fue capaz de completar una Liga de Primera: catorce incompletas entre despidos y llegadas con la temporada empezada para luchar por la permanencia.

Los cinco últimos despidos de Clemente en Primera fueron en el Espanyol 1988-89 y 2003-04, en el Atlético 1989-90, en el Athletic 1990-91 y en la Real Sociedad 2000-01.

El galés John Benjamin Toshack también fue relevado seis veces en Primera, pero antes vivió momentos de gloria. Llegó al fútbol español en 1985, a la Real Sociedad. En 1987 ganó la Copa. En 1988 fue subcampeón de Liga y Copa. No acabó la temporada 1988-89 al fichar en mayo por el Madrid. El primer Madrid de Toshack, en 1989-90, fue el primer equipo que marcó más de cien goles en una Liga de Primera. Luego, en 1995, incluso ganó una Supercopa con el Deportivo (Toshack tiene el curioso récord de haber ganado Liga, Copa y Supercopa con tres equipos distintos), pero ya estaba en la cuesta abajo.

Había sido despedido del Madrid en noviembre de 1990 y de la Real en noviembre de 1994. En el Deportivo aguantó hasta febrero de 1997; luego lo volverían a apartar de su cargo en el Madrid en noviembre de 1999 y en la Real en marzo de 2002.

LA PEOR RACHA

Clemente es el entrenador que tiene la peor racha de partidos sin ganar en una Liga de Primera: diecinueve con el Espanyol en la temporada 1988-89. Otros equipos llegaron a enlazar más de diecinueve encuentros sin ganar en la historia de Primera, pero los entrenadores de esos equipos acabaron despedidos antes de llegar al partido diecinueve.

La directiva del Espanyol, presidida por Antonio Baró, aguantó hasta el infinito y más allá a Clemente, que pudo soportar una racha tan mala gracias al crédito que había ganado en las dos temporadas anteriores. Despedido Clemente, el Espanyol venció en el siguiente partido (1-0 al Athletic) y salió de los puestos de descenso directo, pero bajó finalmente a Segunda, al perder la eliminatoria de permanencia ante el Mallorca.

DIEZ DERROTAS SEGUIDAS

El entrenador que ha aguantado la peor racha de derrotas en una Liga de Primera sigue siendo el gerundense José Espada desde la temporada 1950-51. El Alcoyano no despidió a su entrenador pese a perder diez partidos seguidos en la primera vuelta y tener todas las papeletas para bajar a Segunda, como sucedió.

Dos técnicos llegaron a perder nueve partidos seguidos en ligas de Primera: Gamborena con la Real Sociedad en 1941-42 y Carlos Aimar con el C. D. Logroñés en 1996-97. Ambas rachas, a pocas jornadas para el final del torneo, dejaron el descenso de los dos equipos vistos para sentencia. Tanto Gamborena como Aimar terminaron la Liga con sus clubes porque el cambio de entrenador ya no era solución.

SIETE INCOMPLETAS

Lillo y Abel son los entrenadores con más temporadas en Primera sin completar ninguna. Siete cada uno. Lillo empezó cinco ligas de Primera y no terminó ninguna. Fue despedido en el Salamanca 1994-95 (28.ª jornada), en el Oviedo 1996-97 (34.ª jornada), en el Tenerife 1998-98 (15.ª jornada), en el Zaragoza 2000-01 (4.ª jornada) y en la U. D. Almería (12.ª jornada). Además, entró con la Liga en marcha en el Tenerife 1997-98 y en la U. D. Almería 2009-10.

Abel empezó dos ligas de Primera, en el Levante 2007-08 y en el Atlético 2009-10; en ambos casos, lo despidieron después de la séptima jornada. Entró con la Liga en marcha en el Levante 2006-07, en el Atlético 2008-09, en el Granada 2011-12 y en el Celta 2012-13. Y en la temporada 2014-15 ni empezó ni acabó la Liga con el Granada (llegó después de la primera vuelta y dejó el cargo después de la 34.ª jornada).

SIETE COMPLETAS

Alberto Ormaechea y Juup Heynckes son los entrenadores con el pleno más alto de ligas de Primera completadas. Ambos pudieron hacer su trabajo de principio a fin en siete temporadas. El eibarrés Ormaechea, con treinta y nueve años, recibió el caramelo de entrenar a la mejor Real Sociedad de la historia y se encargó de poner la guinda al pastel. Completó siete ligas y dejó a Toshack, en 1985, la ingrata labor de la renovación. Ormaechea, doble campeón de Liga con el equipo donostiarra, solo entrenó a otro equipo. Y lo que son las cosas, solo duró seis jornadas con el Hércules en la Liga de Segunda de 1986-87.

El alemán Heynckes, uno de los técnicos más prestigiosos del fútbol europeo en los últimos treinta años, completó sus siete ligas en España: cuatro con el Athletic, dos con el Tenerife y una con el Madrid. De veintidós temporadas en la Bundesliga, no pudo completar cinco.

A LA PRIMERA

Algunos entrenadores dirán que, ya puestos, lo mejor es que los despidan después de la primera jornada. En Primera les pasó a tres, que ya venían tocados por los resultados en la temporada anterior. El Valencia empezó la Liga 1959-60 con una derrota en Atocha ante la Real (2-0) y prescindió rápidamente de Jacinto Quincoces. El Madrid empezó la Liga 1977-78 con una derrota en el Helmántico ante el Salamanca (2-1) y Miljanić fue despedido sin dilación. El Villarreal empató en casa con Osasuna (2-2) en la primera jornada de la Liga 2002-03, después de caer eliminado en la Intertoto frente al Málaga y antes de quedar fuera de la Copa al perder con el Hércules, y se acabó la etapa de Víctor Muñoz en el club amarillo.

Otros entrenadores dejaron sus clubes después de la primera jornada por distintos motivos: Aragonés abandonó el Betis en 1981 por depresión, Cantatore dimitió en el Valladolid en 1986 por la confección de la plantilla, el provisional Ovejero se apartó del Atlético en 1990 para dejar paso a Ívic, mientras que Luis Suárez renunció al Albacete en 1994 para volver al Inter.

CUATROCIENTAS DIECISIETE JORNADAS SEGUIDAS

Miguel Muñoz es el entrenador que ha participado en más jornadas de Primera de forma consecutiva (417). Después de suplir de forma transitoria al argentino Carniglia durante dos meses de la temporada 1958-59, el técnico madrileño, del barrio de Salamanca, fue nombrado primer entrenador del Madrid, en sustitución del paraguayo Manuel Fleitas Solich, en abril de 1960. Para acabar la Liga 1959-60 (quedaba una jornada y el Madrid estaba empatado a puntos con el Barça, que dependía de sí mismo y no falló ante el Zaragoza en el Camp Nou) y, sobre todo, para preparar la eliminatoria de semifinales de Copa de Europa frente al equipo azulgrana, que, dirigido por Helenio Herrera, llevaba dos años minando la hegemonía blanca. El Madrid de Muñoz eliminó al Barça de HH y luego arrasó en la final (7-3 al Eintracht de Fráncfort en un partido sublime en Glasgow).

Miguel Muñoz cayó de pie en el Madrid y aguantó hasta la derrota en Castellón por 2-0 del 13 de enero de 1974.

DIEZ LIGAS

Miguel Muñoz dirigió al Madrid en 417 jornadas seguidas

de Primera. En equipos diferentes, el entrenador que acumuló más jornadas seguidas de Primera fue Joaquín Caparrós: 380 (diez Ligas completas) entre el 26 de agosto de 2001 (partido Sevilla-Barcelona) y el 21 de mayo de 2011 (partido Racing-Athletic).

Después de veinte años entrenando en categorías inferiores, el técnico utrerano se aferró a la oportunidad que le dio el Sevilla para llegar a Primera. Ascendió con el equipo hispalense en 2001 y se ganó un nombre, con equipos duros de roer y sacándole jugo a la cantera. Completó diez Ligas seguidas en Primera (cuatro con el Sevilla, dos con el Deportivo y cuatro con el Athletic) hasta que en 2011 aceptó una oferta del Neuchâtel suizo, tan tentadora como arriesgada. Duró dos meses. En octubre de 2011 ya había vuelto a la Liga española, su casa.

DIECIOCHO LIGAS SEGUIDAS

Joaquín Caparrós ha entrenado catorce temporadas seguidas en Primera (diez completas primero, más dos incompletas en el Mallorca, una entera en el Levante y media en el Granada después), pero el que manda en este apartado es Ferdinand Daučik. El técnico eslovaco (entonces checoslovaco y nacido en 1910 al amparo del Imperio austrohúngaro) llegó a España en 1950 al frente del Hungaria, equipo de exiliados que lideraba su cuñado Kubala. Y se quedó. Fichó por el Barça. Triunfó.

Enlazó dieciocho temporadas seguidas en Primera (catorce de ellas completas): cuatro en el Barça, tres en el Athletic, tres en el Atlético, tres en el Betis, una en el Murcia, una en el Sevilla, dos en el Zaragoza y una en el Elche. En la temporada 1968-69 ya no encontró hueco en Primera y entrenó al Betis en Segunda.

ENTRENADOR DE ONCE EQUIPOS

Otro entrenador extranjero tiene el récord de dirigir a más clubes de Primera. El francés Marcel Domingo estuvo al frente de once equipos distintos, empezando, nada más colgar las botas en el Marsella con treinta y cuatro años, en la temporada 1958-59, en el Espanyol, equipo del que había sido portero durante cuatro temporadas. En 1959 fichó por Las Palmas, donde fracasó.

Tuvo que hacer méritos en Tercera (Lleida) y Segunda (Pontevedra) para volver a Primera en 1966, en el Córdoba. El Granada 1968-69 le sirvió de trampolín para fichar por el Atlético de Madrid, donde alcanzó su éxito más destacado al ganar la Liga 1969-70 (con el equipo rojiblanco también ganó dos ligas como jugador).

En los años setenta, también entrenó al C. D. Málaga, Elche, Burgos C. F. y Valencia. Luego pasó por el Betis en 1982-83 y por el Mallorca en 1983-84, con el que sufrió un descenso que puso fin a su presencia en la Liga española de Primera.

CAMPEÓN CON SESENTA Y UN AÑOS

Otro récord en poder de entrenadores extranjeros. El técnico más viejo en ganar la Liga española es el italiano Fabio Capello. Un día antes de cumplir los sesenta y un años celebró su segundo título con el Madrid, con la sufrida victoria frente al Mallorca en el Bernabéu, el 17 de junio de 2007.

El entrenador español más viejo en conquistar el título de Liga es el canario Luis Molowny, que tenía sesenta años y trescientos quince días cuando cantó su tercer el alirón con el Madrid, el 23 de febrero de 1986, tras ganar al Valladolid en el Bernabéu.

Molowny estaba a punto de cumplir cincuenta y tres años cuando ganó por primera vez la Liga como entrenador, en 1978, pero el entrenador más viejo que puso por primera vez su nombre en el palmarés de la Liga española sigue siendo el austriaco Max Merkel, conocido como Míster Látigo, que tenía cincuenta y cuatro años cuando quedó campeón con el Atlético de Madrid en 1973.

INTERMINABLE E INIMITABLE HH

Helenio Herrera, aceptando que nació el 10 de abril de 1910, en Buenos Aires, y no en 1916, como mantuvo siempre el inimitable HH, es el entrenador más viejo que ha trabajado en la Primera española. En su último partido de Liga, el Barcelona-Sevilla del 26 de abril de 1981, Helenio Herrera tenía setenta y un años y dieciséis días. Y en el último partido de su carrera, la final de Copa entre Barça y Sporting del 18 de junio de 1981, tenía setenta y un años y sesenta y nueve días. Entonces consiguió el decimoséptimo título (tres con el Atlético, seis con el Barcelona, siete con el Inter de Milán y uno con la Roma) de su larguísima carrera.

Porque HH también tiene el récord de tiempo entre su primer y último partido en Primera: treinta y dos años y doscientos sesenta y seis días entre su debut con el Valladolid en San Mamés, el 12 de septiembre de 1948, y su despedida con el Barça en el Camp Nou ante el Sevilla el 26 de abril de 1981.

ENTRENADOR CON ¿VEINTISÉIS AÑOS?

Si la fecha de nacimiento es correcta (hay alguna duda), el húngaro Lippo Hertzka, se supone que nacido en Budapest el 19 de noviembre de 1904, es el entrenador más joven en la historia de Primera. Después de pasar por Real Sociedad, Athletic y Sevilla, Lippo Hertzka fichó por el Madrid en 1930 y debutó en Primera el 7 de diciembre, ante el Espanyol, con veintiséis años y dieciocho días.

Su llegada coincidió con el gran fichaje del fútbol español de la preguerra: el Madrid pagó la descomunal cifra de cien mil pesetas por el portero Ricardo Zamora. Al año siguiente, como no bastó con Zamora, el Madrid volvió a tirar la casa por la ventana para fichar a Ciriaco, Quincoces y Olivares, procedentes del Alavés, a Luis Regueiro (Real Unión) y Hilario (Deportivo). Todo para ganar por primera vez la Liga. Y así fue en 1932, con lo que Hertzka conquistó el título con veintisiete años y ciento treinta y cinco días, y encima cantó el alirón empatando en el campo del Barça (2-2 el 3 de abril de 1932). Hertzka es, desde entonces, el entrenador más joven en ganar la Liga española.

LUIS POR ENCIMA DE TODOS

Por encima de todos los entrenadores españoles está Luis Aragonés, que dejó en 2004 el récord de partidos en Primera en 757 y dejó en 2008 un legado que cambió la historia de la selección. Los 757 partidos de Luis como entrenador de Primera están divididos en ocho equipos: 407 en el Atlético, 39 en el Betis, 34 en el Barcelona, 38 en el Espanyol, 76 en el Sevilla, 55 en el Valencia, 38 en el Oviedo y 70 en el Mallorca. Es el entrenador que ha pasado más temporadas en Primera: veinticinco, con solo un título (con el Atlético en 1977) y ningún descenso (su peor puesto fue con el Oviedo: decimosexto en 1999-2000). Es el entrenador con más victorias (344), más empates (180) y más derrotas (233), con más goles a favor (1141) y más goles en contra (925).

LUIS E IRURETA

Luis, sumando sus etapas como jugador (360) y como entrenador (757), también es quien más partidos acumula en Primera (1.117), por delante de Irureta (956: 344 + 612). Luis no perdió el tiempo. El 25 de noviembre de 1974 se acostó siendo jugador del Atlético de Madrid (y compañero de Irureta) y se levantó al día siguiente siendo entrenador del equipo rojiblanco (y jefe de Irureta).

Debutó como técnico de Primera el 1 de diciembre de 1974, en Mestalla (1-1), con treinta y seis años. Su primer partido de Primera como jugador fue el 11 de diciembre de 1960, en las filas del Oviedo, con una derrota por 1-0 en el Luis Sitjar ante el Mallorca de Juan Carlos Lorenzo, al que catorce años después relevó como entrenador del Atlético de Madrid. Irureta tuvo que esperar ocho años entre su último partido como jugador de Primera (en 1980) y su debut como entrenador (en 1988). Ahí le tomó Luis la delantera.

EUSEBIO

Luis e Irureta no llegaron a los cuatrocientos partidos en Primera como jugadores, pero luego hicieron una gran carrera como entrenadores. Apenas sesenta y cuatro jugadores han alcanzado la cifra de cuatrocientos partidos en la historia de Primera. De ellos, solo trece pudieron entrenar en Primera; el número se reduce a siete si cogemos los que completaron como técnicos por lo menos una Liga de Primera (Carmelo, Iribar, Rojo, Camacho, Míchel, Luis Enrique y Sergio). Otros cinco (Esnaola, Bakero, Nadal, Francisco y Molina) tuvieron un paso testimonial. Y hay que seguir la evolución de Eusebio en la Real.

El equipo donostiarra, después de despedir a David Moyes, ha convertido a Eusebio en el único de los nueve jugadores con más partidos en Primera que aparece en la lista de entrenadores. Zubizarreta y Hierro se decantaron por la dirección deportiva. Miguel Soler no ha pasado de Segunda. Buyo solo amagó. Sanchís ni lo intentó. Raúl se acaba de retirar. Casillas y Xavi siguen en activo. Bakero, el décimo, también llegó a entrenar en Primera, pero solo en dieciséis partidos con la Real.

LUIS VERSUS ESPANYOL

Luis Aragonés dejó la mejor marca de Primera de partidos seguidos sin perder de un entrenador ante el mismo equipo. El Sabio de Hortaleza fue capaz de enlazar veinte encuentros de Liga sin perder ante el Espanyol entre 1976 y 1995. Fueron quince victorias y cinco empates con sus diferentes equipos en ese periodo (diecisiete partidos con el Atlético de Madrid, uno con el Barcelona y dos con el Sevilla).

La racha terminó el 7 de enero de 1996, con una derrota del Valencia de Luis ante el Espanyol de Camacho, por 2-0 en el viejo campo de Sarrià. Para entonces, Luis ya había superado, por poco, el récord que había fijado Miguel Muñoz entre 1959 y 1975 contra la Real Sociedad: diecinueve partidos sin perder, con once victorias seguidas como entrenador del Madrid.

CRUYFF Y MOLOWNY

Dos entrenadores se enfrentaron en catorce partidos de Primera ante un mismo equipo y no perdieron ninguno: Cruyff y Molowny. La racha de Cruyff, siendo meritoria, tiene cierta lógica. El *Dream Team* que formó el técnico holandés en el Barcelona no perdió ninguno de los catorce encuentros que disputó contra el C. D. Logroñés entre 1988 y 1995. La diferencia entre ambas escuadras podía provocar este tipo de rachas si el equipo azulgrana no cometía algún error grave en esos años.

Más sugerente parece la sucesión de buenos resultados que obtuvo Molowny ante el Atlético de Madrid. El entrenador canario, entre 1958 y 1986, fue capaz de no perder ninguno de sus catorce partidos de Liga ante el equipo rojiblanco, que fue campeón de Liga en cuatro ocasiones en ese periodo. Molowny fue imbatible para el Atlético, ya fuera entrenador de Las Palmas (siete partidos) o del Real Madrid (otros siete partidos). Otro motivo de admiración para ese héroe discreto que murió en 2010 sin haber recibido el reconocimiento que merecía.

UN MURO MUY ALTO

El entrenador que más veces se ha enfrentado a un equipo en Primera sin ganar nunca sigue siendo Juan Ochoa. El técnico vasco se dio dieciséis veces contra el mismo muro entre 1952 y 1967. Cierto que el muro era muy alto. Cosechó cuatro empates y doce derrotas contra el mejor Real Madrid de la historia. No pudo ganar al equipo blanco con el Racing (5 partidos), con el Zaragoza (3), con el Oviedo (2), con el Athletic (2), con el Pontevedra (2) y con Las Palmas (2).

Este récord de Juan Ochoa estuvo en peligro recientemente porque el también vasco Unai Emery llevaba quince partidos de Liga sin ganar ante el Barcelona (cinco empates y diez derrotas con Almería, Valencia y Sevilla desde que debutó como entrenador de Primera en 2007). Pero el 3 de octubre de 2015, Emery obtuvo su primer triunfo frente al Barça (2-1 en el Sánchez Pizjuán), seguramente cuando su equipo hizo menos méritos que en otras ocasiones para alcanzar la victoria (el Sevilla se salvó con cuatro remates a los palos).

RACHA DE CAPARRÓS

La racha de Emery contra el Barça, que no solo se ceñía a la Liga, fue mala, pero no tanto como la de Caparrós, que enlazó veintitrés partidos sin ganar, para establecer la peor racha de un entrenador contra el mismo equipo en partidos de Primera.

La única victoria liguera de un equipo de Caparrós ante el Barça fue sonada: 0-3 con el Sevilla en el Camp Nou el 15 de diciembre de 2002, resultado que propició una pañolada impresionante de aficionados culés contra la gestión del presidente Gaspart, que dimitió semanas después. Desde entonces, como entrenador de Sevilla, Deportivo, Athletic, Mallorca, Levante y Granada, Caparrós no ha vuelto a derrotar al Barcelona en un partido de Liga: siete empates y dieciséis derrotas.

EFÍMERO MARTINO

Martino, entrenador que pasó con más pena que gloria por el Barcelona, dejó su huella en la Liga española nada más debutar. El técnico argentino, actual seleccionador de su país, fue el primer entrenador que ganó sus ocho primeros partidos en Primera.

Martino llegó al Barcelona de forma precipitada para ocupar el puesto de Vilanova, gravemente enfermo. Pero sus primeros resultados fueron buenos. Conquistó la Supercopa de España ante el Atlético de Madrid (sin excesiva brillantez, con dos empates) y su equipo empezó la Liga con ocho victorias. En la novena jornada empató en Pamplona (0-0). Para entonces ya había batido los récords de Díaz Novoa (con el Sporting en 1979) y Luxemburgo (con el Real Madrid en 2005), que debutaron en Primera con siete victorias.

DEBUT CON SIETE DERROTAS

Dos entrenadores debutaron en la Primera División española con siete derrotas. El primero, con el Racing, fue el irlandés Patrick O'Connell. El Racing tuvo que eliminar en un mes a Valencia, Betis y Sevilla para ganarse la única plaza vacante que quedaba por adjudicar para disputar la primera Liga de Primera. Tan feliz conquista dejó al equipo exhausto.

Tres días después de acabar con la tenaz resistencia del Sevilla, en una eliminatoria que necesitó dos partidos de desempate, el Racing de O'Connell empezó la Liga perdiendo en los Campos de Sport ante el Barcelona, el 12 de febrero de 1929. Fue la primera de una serie de siete derrotas que dejaron al Racing descolgado, pero con la tranquilidad del deber cumplido y con la dispensa del porvenir.

En la primera Liga no había descensos directos y solo el último debía jugar una eliminatoria con el campeón de Segunda para conservar su plaza. El Racing fue último y se encontró de nuevo con el Sevilla. Cinco meses después, el equipo de O'Connell, que en 1935 ganó la Liga con el Betis, volvió a fastidiar al Sevilla, que tuvo que esperar a 1934 para ascender a Primera (dos años más que el Betis).

El segundo entrenador que debutó en Primera con siete derrotas fue Ortuondo, que obró el milagro de subir al Extremadura de Segunda B a Primera y que estuvo a punto de lograr la permanencia con el equipo de Almendralejo en la temporada 1996-97. Pero el Extremadura empezó mal (fatal, con 7 derrotas), terminó mal (8 partidos sin ganar) y fue cuarto por la cola el año con más descensos directos a Segunda (4), para dejar la Primera con veinte equipos otra vez.

SEIS DESCENSOS

El entrenador que ha dirigido a más equipos que bajaron a Segunda es Fernando Vázquez, con seis. Con cinco descensos están Clemente, Lotina y Lucien Muller.

El primer equipo de Fernando Vázquez que bajó a Segunda fue el Compostela en 1998 (descendió tras perder una eliminatoria ante el Villarreal, ya sin el entrenador de Castrofeito, despedido después de la vigésimo novena jornada). Luego bajó con Las Palmas en 2002, completando la Liga. En 2002-03 entrenó al Rayo hasta la decimoctava jornada (dejó al equipo antepenúltimo y terminó último). Al año siguiente fue con el Valladolid: despedido tras la trigésimo cuarta jornada (el equipo ocupaba el puesto número diecisiete y acabó en el dieciocho). En la temporada 2006-07 cayó el Celta, también sin completar Fernando Vázquez la Liga (sustituido por Stoichkov a falta de nueve jornadas, para seguir en la decimoctava posición). Y en 2012-13 bajó el Deportivo, equipo casi desahuciado al que estuvo a punto de salvar Fernando Vázquez en quince jornadas.

CINCO DESCENSOS EN VIVO

Seis equipos entrenados por Fernando Vázquez bajaron a Segunda, pero solo con dos sufrió el descenso en directo (lo despidieron antes de acabar la Liga con otros cuatro). El entrenador que ha vivido más descensos es el francés Lucien Muller. Hasta cinco.

Con el Castellón 1973-74 y con el Zaragoza 1976-77 completó la temporada y bajó en la última jornada. En 1980, Muller aceptó una oferta del Burgos cuando faltaban siete jornadas para terminar la Liga y la posición del equipo era desesperada (el descenso se concretó cuatro partidos después).

En 1988 llegó al Mallorca cuando el asunto aún tenía solución, a falta de trece jornadas. Se salvó del descenso directo, pero perdió la eliminatoria por la permanencia ante el Oviedo.

En 1991, Muller también fue un recurso de última hora para el Castellón, a falta de seis jornadas, pero la situación empeoró más con el técnico francés, que volvió a vivir otro descenso con el equipo blanquinegro.

RADOMIR, TE QUIERO

Radomir Antić es el único técnico que ha entrenado a los tres clubes españoles con más títulos de Liga (Madrid, Barça y Atlético).

El serbio llegó al Madrid en marzo de 1991 con el equipo blanco en plena crisis (era séptimo en la Liga y ya estaba eliminado de la Copa del Rey y de la Copa de Europa) y lo hizo tan requetebién al principio (el Madrid acabó tercero la Liga

1990-91 e iba líder en la Liga 1991-92) que Ramón Mendoza lo despidió cuando perdió dos partidos en enero de 1992.

Después de rendir cuentas en el Oviedo, Antić fue reclamado por Jesús Gil para rescatar al Atlético de Madrid, que llevaba dos años flirteando con el descenso. El serbio, candidato a ser uno más de los entrenadores triturados por el presidente rojiblanco, hizo campeón de Liga y Copa en 1996 a un equipo que fue decimocuarto en la Liga anterior y aguantó tres años mágicos en el Calderón. Lo malo es que luego atendió las llamadas de urgencia pasa salvar al equipo en 1999 y 2000. A la segunda no pudo y también pasó a la historia por ser el entrenador con el que el Atlético sufrió su insospechado descenso a Segunda.

Después de otro paso por el Oviedo (y otro descenso), el aún acreditado Antić también fue un clavo ardiendo al que se agarró el Barcelona en febrero de 2003. La contratación del técnico serbio fue la última decisión de Joan Gaspart, que a continuación anunció su dimisión como presidente. El Barcelona era decimoquinto y estaba solo tres puntos por encima de la zona de descenso. Antić evitó el desastre: el equipo azulgrana terminó la Liga en sexta posición e impidió que por primera vez no disputara en una temporada competiciones europeas de clubes.

Radomir entrenó, y se puede decir que con éxito, a Madrid, Atlético y Barça. Y, encima, con Mendoza, Gil y Gaspart como presidentes. Tiene mucho mérito.

ÚLTIMO ROMÁNTICO

Miljan Miljanić tomó en su primera temporada en el Real Madrid una decisión que por aquella época ya llamó bastante la atención y que hoy en día sería calificada como una excentricidad inconcebible. El técnico yugoslavo se tuvo que enfrentar al equipo de su vida, el Estrella Roja de Belgrado, en los cuartos de final de la Recopa del curso 1974-75. Miljanić recibió al Estrella Roja en el Bernabéu, el 5 de marzo de 1975. El Madrid ganó por 2-0. Pero dos semanas después, Miljanić se negó a viajar a Belgrado. No quiso enfrentarse al equipo de sus amores allí, en casa. Dejó la responsabilidad a su ayudante Antonio Ruiz. Y el Madrid cayó eliminado en la tanda de penaltis, con su primer entrenador viendo el partido por la tele en la capital de España.

Miljanić, con esa combinación (escaqueo y eliminación), sería carne de cañón en el fútbol actual. Entonces nadie pidió su cabeza. Ayudó que el Madrid fuera líder de la Liga, con nueve puntos de ventaja sobre el Zaragoza y trece sobre el Barcelona. El entrenador yugoslavo expió su falta con un doblete de Liga y Copa al final de temporada.

PRIMER CAMBIO

La FIFA y el organismo que establece las reglas de juego del fútbol (International Board) se decidieron a finales de los años sesenta a extender a los partidos oficiales de competición una norma que ya se utilizaba en los encuentros amistosos: permitir los cambios de futbolistas en el transcurso del juego. Fue una decisión motivada, sobre todo, por el aumento de jugadores que caían lesionados por la proliferación del juego duro. Era una manera, junto con la implantación de las tarjetas amarillas y rojas, de compensar a los equipos que sufrían la violencia del contrario.

En la Liga española, la posibilidad de hacer sustituciones llegó en la temporada 1969-70. El primer cambio en Primera tuvo lugar en el Pontevedra-Granada del 13 de septiembre de 1969: Néstor Rossi, entrenador argentino del equipo andaluz, sustituyó al lesionado Lara por Machicha.

PRIMER SUPLENTE GOLEADOR

Los cambios de jugadores (dos por equipo como máximo al entrar la regla en vigor) tardaron en ser aceptados por los entrenadores como un arma táctica para alterar el rumbo de los partidos. En la primera jornada de la Liga 1969-70 solo se produjeron quince cambios, de treinta y dos posibles. Y así fue durante un tiempo hasta que los técnicos percibieron las ventajas de la nueva disposición reglamentaria. A esta evolución también contribuyeron los futbolistas, que, igualmente obligados a modificar su escala de valores, empezaron a tener constancia del importante papel que podían desempañar los buenos suplentes.

En la primera Liga de Primera con cambios solo se registraron veintiséis goles de jugadores suplentes, cifra que fue creciendo con el paso de los torneos (llegaron a ser ciento cincuenta en 1996-97). El primer gol de un sustituto en Primera fue de Ortuondo, delantero del Athletic que marcó en el Camp Nou el 5 de octubre de 1969.

SUPLENTES DE ORO

Dos jugadores marcaron ocho goles como suplentes en una Liga de Primera: Pizzi y Morata. El argentino Juan Antonio Pizzi, ya nacionalizado español y después de ganar el trofeo Pichichi con el Tenerife en 1996, fichó por el Barcelona a la vez que el fenómeno Ronaldo. Robson optó por dar la titularidad al emergente delantero brasileño de veinte años antes que al acreditado goleador argentino de veintiocho. Pizzi tragó con una situación nueva para él y marcó ocho goles en los veintiocho partidos que jugó como suplente en la Liga 1996-97.

También el madridista Morata marcó ocho como suplente en la Liga 2013-14, lo que utilizó como trampolín para fichar posteriormente por la Juventus de Turín después de comprobar que, por mucho que hiciera, estaba condenado a mantener su estatus secundario a la sombra de Bale, Benzema y Cristiano Ronaldo.

SUPLENTES DE LUJO

Dos jugadores vascos, Julio Salinas y De Paula, son los que más goles marcaron en Primera como suplentes. Julio Salinas tuvo diecisiete temporadas para anotar 152 goles en la categoría, 28 de ellos (18%) marcados sin ser titular. El delantero bilbaíno llegó a conseguir seis goles como suplente en la Liga 1991-92, utilizado como revulsivo en el Barça de Cruyff. Los goles de Julio Salinas, a la postre, fueron decisivos para que el equipo azulgrana acabara ganando la Liga en esa temporada.

De Paula, natural de Durango aunque criado en Badajoz, fue durante una década el suplente ideal en la Real Sociedad, a la sombra de Kovacevic. De Paula disputó 273 partidos en Primera (solo completó 36). Marcó 30 goles en los 128 encuentros que jugó como titular y consiguió 27 goles en los 145 partidos de Primera que jugó como suplente.

AS EN LA MANGA

De Paula colaboró con cuatro dianas para que la Real Sociedad se convirtiera en la temporada 1997-98 en el equipo con más goles de suplentes en una Liga de Primera (16). Al técnico alemán Bernd Krauss le gustaba dejarse un as en la manga en el banquillo para aprovechar el cansancio del equipo rival en las segundas partes. Y la jugada solía salir bien.

El equipo donostiarra terminó la Liga en tercera posición gracias, en parte, a los dieciséis goles marcados por los jugadores que entraban con el partido en marcha: cuatro de De Paula, tres de Kovacevic, dos de Craioveanu y Aldeondo, y uno de Gracia, De Pedro, Kühbauer, Mutiu y Aranzábal. Más de un cuarto de los goles de la Real en la Liga 1996-97 (16 de 60) fueron de jugadores suplentes.

TRIPLETES DESDE EL BANQUILLO

Dos jugadores han logrado tripletes en Primera saliendo desde el banquillo. El primero fue el catalán Enrique Cuxart, que aprovechó veinticuatro minutos de su segundo partido en Primera (salió por Tomás en el minuto sesenta y seis) para marcar tres goles, ante el C. D. Logroñés en Mestalla el 6 de mayo de 1990. Tres goles que valieron para que el Valencia alcanzara el subcampeonato liguero en 1989-90. Cuxart nunca más logró un triplete en Primera y su etapa por la máxima categoría apenas duró dos años y medio.

No como Roberto Soldado, que es un especialista en tripletes (marcó tres goles o más en siete partidos de Primera antes de irse a jugar al Tottenham inglés en 2013). Uno de ellos fue como suplente, ante el Sporting, el 25 de enero de 2009, en el Coliseum de Getafe. Eso sí, Soldado tuvo setenta y ocho minutos para marcar esos tres goles por la temprana lesión de Manu del Moral.

ALFONSO Y SOLDADO

Soldado también es uno de los dos jugadores que han logrado tripletes como suplentes en partidos con la selección española. El ariete valenciano marcó de una tacada sus tres primeros goles con España jugando solo la segunda parte del encuentro amistoso disputado en La Rosaleda de Málaga, el 29 de febrero de 2012, ante Venezuela.

Alfonso, el primer jugador que consiguió un triplete como suplente con la selección, tuvo menos tiempo pero un rival más facilón, aunque cuando empezó a marcar goles el resultado era de 1-1. El delantero getafense, el 4 de septiembre de 1996, salió por Pizzi en el minuto cincuenta y nueve: en apenas media hora pudo hacer diana en tres ocasiones en la portería de las Islas Feroe para que el resultado (2-6) reflejara finalmente la diferencia entre ambas selecciones.

GOLES DE TRES SUPLENTES

La FIFA y la International Board permitieron tres cambios por equipo a partir de 1995. Desde entonces, ha habido dos partidos de Primera en los que marcaron los tres jugadores que fueron suplentes de un equipo, lo que debe ser el colmo de la felicidad para un entrenador. Así fue en el Villarreal-Celta del 18 de mayo de 2003. Entre Guayre (2), Víctor y Palermo, para satisfacción de Benito Floro, marcaron cuatro goles en la segunda parte para desequilibrar un marcador que los titulares no eran capaces de volcar a su favor, pese a jugar el Celta con dos jugadores menos desde la primera mitad.

También marcaron los tres suplentes del Mallorca el 16 de mayo de 2004, para desgracia del Espanyol, que ganaba por 0-2 hasta el minuto 62. Pero el Mallorca de Aragonés remontó en un santiamén con dos goles de Perera, uno de Bruggink y otro de Colsa. Esta derrota en la penúltima jornada de la Liga 2003-04 hizo que el Espanyol tuviera que luchar por la permanencia hasta el último partido, ante el Murcia en Montjuïc.

SIN SUSTITUCIONES

El último partido sin cambios en Primera data del 4 de noviembre de 1990. En el viejo campo de Atocha se enfrentaron la Real Sociedad y el Valladolid: ni Boronat ni Maturana confiaron en que los jugadores que los acompañaban en el banquillo pudiesen mejorar el 1-1 con el que acabó el encuentro. Desde entonces, en la Liga de Campeones, por ejemplo, se completaron dos partidos sin cambios: Newcastle-PSV (0-2) en 1997 y Juventus-Atlético (0-0) en 2014.

Los últimos entrenadores que no hicieron sustituciones en un partido de Primera fueron el danés Michael Laudrup y el asturiano Luis Enrique, compañeros durante dos temporadas en el Madrid como jugadores. Laudrup, al frente del Mallorca, no efectuó cambios en su visita al Bernabéu el 23 de enero de 2011, pese a ir perdiendo por 1-0 desde el minuto 60. Luis Enrique, al frente del Barcelona, no efectuó cambios en su visita a Mestalla el 5 de diciembre de 2015, ni antes ni después del empate del Valencia.

PARTIDO CON TREINTA Y CUATRO JUGADORES

Por la anormalidad de una suspensión, el Granada-Mallorca de la Liga 2011-12 es el partido que han disputado más jugadores en la historia de Primera. Un total de treinta y cuatro: dieciséis del Granada y dieciocho del Mallorca. El encuentro fue suspendido, el 21 de noviembre de 2011, después de que a un asistente de Clos Gómez lo alcanzara un objeto lanzado desde el graderío. Se reanudó el 7 de diciembre.

Los entrenadores, Fabri y Caparrós, aprovecharon ampliamente la posibilidad que ofrece el reglamento de modificar las alineaciones originales en un partido suspendido. Ambos casi cambiaron a más de medio equipo. Al final jugaron treinta y cuatro futbolistas; solo diez completaron el encuentro.

PARTIDO CON TRES ENTRENADORES

Otra suspensión provocó una anormalidad en la historia de Primera. El Madrid tuvo dos entrenadores en un partido. El 11 de diciembre de 2004, el equipo blanco, dirigido por García Remón, recibió a la Real Sociedad de Amorrortu en el Bernabéu. El encuentro iba 1-1 cuando tuvo que pararse por una amenaza de bomba. Quedaban seis minutos por jugar. Se fijó el 5 de enero de 2005 como fecha para la reanudación del partido.

Entre un día y otro, Florentino Pérez perdió la paciencia con García Remón, que fue despedido antes de las vacaciones navideñas, después de una derrota en casa con el Sevilla que dejó al Madrid a trece puntos del Barcelona. Para el 5 de enero, el Madrid ya tenía nuevo entrenador: el brasileño Luxemburgo, que hizo su debut en la Liga española en un minipartido de seis minutos que ganó gracias a un gol de penalti de Zidane. Así ganó el Madrid un partido que duró veinticinco días y que tuvo tres entrenadores.

UN POCO DE GUTI

Guti jugó ese partido suspendido y reanudado entre Madrid y Real en la Liga 2004-05. Fue uno de los 133 encuentros de Primera con noventa minutos del genial centrocampista. Pero lo normal es que Guti no jugara el partido entero. De hecho, es el futbolista que ha disputado más encuentros como suplente en Primera (159), por delante de Sarabia y De Paula (145). Y en los 228 como titular, fue sustituido en 88 y expulsado en 7. Por eso solo disputó completos el 34% de sus partidos en Primera (133 de 387).

Menos jugó en las finales de la Copa de Europa. El Madrid llegó a tres con Guti en la plantilla (1998, 2000 y 2002) y no figura en las alineaciones de ninguna de ellas, ganadas todas por el equipo blanco sin la participación de este jugador especial que siempre levantaba dudas en sus entrenadores en los momentos decisivos.

Un poco de Gustavo López

Si Guti es el futbolista que jugó más partidos como suplente en Primera, otro zurdo y coetáneo, aunque argentino, es el jugador que fue sustituido en más partidos de Primera. Gustavo López, durante once temporadas, distribuidas entre Celta y Zaragoza, no terminó por decisión técnica 167 de sus 232 encuentros de Primera como titular.

El siguiente de la lista es Etxeberria (cambiado en 154 de sus 452 partidos en Primera) y el tercero es el también argentino Ibagaza (sustituido en 149 de sus 343 encuentros en la Liga española). Y habrá que seguir las maravillosas andanzas de Valerón, que, antes de regresar a la máxima categoría con Las Palmas en 2015, ya había sido sustituido en 142 de sus 390 partidos en Primera.

Relevo repetido

Los jugadores suplentes y sustituidos en más partidos de una Liga de Primera coincidieron en el mismo equipo. Tiene su lógica. En el Espanyol de la temporada 1995-96, en una Liga de cuarenta y dos jornadas, el entrenador, José Antonio Camacho, tomó por costumbre cambiar a Javi García por Benítez y provocó que ambos jugadores establecieran registros históricos en los dos apartados.

El catalán Javi García es el futbolista que ha sido suplente en más partidos de una Liga de Primera (32). El paraguayo Miguel Ángel Benítez es el futbolista sustituido en más partidos de una Liga de Primera (31). Marcas difíciles de superar en ligas de treinta y ocho jornadas, como las actuales.

Luis Aragonés, el sabio de la Liga…

por ENRIQUE ORTEGO

Cuando Luis nos dejó, tenía setenta y cinco años. Más de la mitad de su existencia se la pasó «viviendo», que es gerundio, la Liga. Su Liga. Dieciséis años como jugador, treinta como entrenador, antes de, en 2004, dar el salto a seleccionador de lo que él denominó LA ROJA, sí con mayúsculas. Cuarenta y seis años. Se escribe pronto, en cuatro palabras, pero es una eternidad.

A Luis le «ponía» la Liga, que diría un moderno. Era su campeonato preferido. ¿Por qué? Porque el campeón de Liga suele ser siempre el mejor. «Con dos puntos y con tres puntos, después de treinta y tantas jornadas el que gana gana de verdad. En la Copa, la Copa de Europa, hay más condicionantes, los rivales que te tocan, la suerte en un determinado momento, como en nuestra final del 74 contra el Bayern. Aquella Copa de Europa debió ser nuestra porque fuimos los mejores a lo largo de toda la competición y en la final, pero no lo fue por una circunstancia. Eso en la Liga es más complicado que pase», solía decir a los que le escuchábamos siempre con la neurona del aprendizaje preparada para asimilar sus siempre originales teorías, muchas de ellas en forma de sentencia.

Luis se fumaba las Ligas desde el primer partido hasta el último y se tragaba el humo. Estaba convencido de que se ganaban o se perdían en las diez últimas jornadas. «Ahí es cuando hay que estar preparados para lo mejor o para lo peor», proclamaba mientras ponía ejemplos de que su teoría no tiene discusión. Luis se las sabía todas. Lo primero que hacía cuando llegaba al estadio era pedirle a Carlos Peña, su amigo y eterno delegado del Atlético, la «hojita» de las alineaciones. La suya se la sabía y la del contrario también, lo que buscaba fervientemente era el nombre de los árbitros y los que entonces eran jueces de línea y ahora son auxiliares. Se aprendía sus nombres de pila. Menganito, fulanito y zutanito. Entonces no existían los cuartos árbitros. Luis se sentaba en el banquillo. Con pelliza o sin pelliza. Con chándal o con traje. Ante el primer banderazo del juez de línea más cercano, Luis entraba en acción. «Bien, bien pitado, Menganito.» Corría el partido. La bandera iba arriba y abajo a golpe de muñeca. Había errores y aciertos, pero Luis continuaba con su estrategia. «Bien, Menganito, bien. Tranquilo. Te has equivocado. No era fuera de juego…, pero tranquilo, no pasa nada. No pasa nada. Fíjese en el cinco, en el cinco, siempre agarra a nuestro nueve… Vamos, vamos… La siguiente es la buena…»

Y así todo el partido. Los jueces de línea estaban encantados de que Luis Aragonés los llamara por su nombre de pila y que les fuera radiando el partido a su manera, con educación, pero con energía. Era una forma de presión como otra cualquiera. En lugar de acordarse de su padre o de su madre, o de mandarle a «tomar por culo», con perdón, Luis jugaba su partido con ellos a su manera. Y, si desde su banquillo, a alguno de sus ayudantes o algún suplente… se le escapaba algún grito más alto que otro, o un insulto barriobajero…, ahí estaba Luis para pedir tranquilidad a su amigo, ya era su amigo, de la bandera.

«Tranquilo, Menganito, tienes un muelle en el brazo, pero no pasa nada. Todas no pueden ser fuera de juego, ehhhhh… Alguna para nosotros, hombre. Mire el cinco, el cinco, lo que antes le decía… Bien, bien Menganito. Que el árbitro le mire, hágase ver…»

Y así un partido tras otro. También algún contrario entraba en su estrategia. Con educación, como si no fuera con él la cosa… Si se acercaba a su banquillo el lateral de turno del equipo contrario podía llevarse un recadito. «Que feo eres, que feo eres…» Cuando el enemigo quería identificar la voz del piropo, Luis ya estaba a otra cosa, hablando con uno de los suyos. «Venga, venga, tocamos, jugamos, abrimos… Usted con quién va, los rojiblancos son los suyos…» Y el lateral seguía pensando quién le había llamado feo o malo o torpe… o lo que correspondiese en ese momento.

Era el otro fútbol de Luis Aragonés, el sabio más sabio que ha tenido la historia de la Liga. ¡Cómo te echamos de menos, míster!

Preguntas de Entrenadores

1. ¿Qué entrenador catalán ganó la Liga con el Barcelona en 1945?

. . . .

2. ¿Quién era el entrenador del Valladolid que debutó en Primera en 1948?

. . . .

3. ¿Qué entrenador uruguayo ganó la Liga con el Barcelona y con el Real Madrid?

. . . .

4. ¿Qué técnico ha entrenado a Real Madrid, Atlético de Madrid y Barcelona?

. . . .

5. ¿En qué ciudad celebró el Athletic su primer título de Liga con Javier Clemente como entrenador?

. . . .

6. ¿Qué entrenadores dirigieron al Real Madrid durante las temporadas en las que logró cinco títulos de Liga seguidos a finales de los años 80?

. . . .

7. ¿Cómo se conocía al Albacete entrenado por Benito Floro que ascendió a Primera en 1991?

. . . .

8. ¿Quién entrenaba al Tenerife que impidió que el Real Madrid conquistara los títulos de Liga de las temporadas 1991-92 y 1992-93?

. . . .

9. ¿Cuántos títulos de Liga seguidos logró el Barcelona entrenado por Johan Cruyff?

. . . .

10. ¿Cuál es el único entrenador italiano que ha ganado la Liga española?

. . . .

11. ¿Cuál es el único entrenador asturiano que ha ganado la Liga?

. . . .

12. ¿Qué equipo subió a Primera en 1999 con Lotina como entrenador?

. . . .

13. ¿Qué equipo subió a Primera en 2000 con Lotina como entrenador?

. . . .

14. ¿Cuál es el único entrenador francés que ha ganado la Liga española?

. . . .

15. ¿Cuántos títulos de Liga han ganado los entrenadores neerlandeses (holandeses)?

. . . .

16. ¿Cuál es el único entrenador que ha ganado la Liga en cinco temporadas consecutivas?

. . . .

17. ¿Cuántas victorias seguidas logró el Real Madrid de Ancelotti en 2014?

. . . .

18. ¿Cuántas victorias seguidas logró en Liga el Barcelona de Guardiola en la temporada 2010-11?

. . . .

19. ¿Quién sustituyó a Del Bosque como entrenador del Real Madrid en 2003?

. . . .

20. ¿Qué entrenador ascendió al Murcia a Primera en 2003?

. . . .

21. ¿Qué entrenador dirigió al Valladolid que enlazó 29 partidos de Segunda sin perder en la temporada 2006-07?

. . . .

22. ¿Qué argentino fue campeón de Liga con el Atlético de Madrid como jugador y entrenador?

. . . .

23. ¿Con qué entrenador logró el Athletic sus dos últimos títulos de Liga?

. . . .

24. ¿Cuál es el único entrenador extremeño que ha ganado un título nacional en el fútbol español?

. . . .

25. ¿Qué entrenador andaluz ha sido campeón de Liga?

. . . .

26. ¿Con qué equipo debutó Irureta como entrenador de Primera?

. . . .

27. ¿Qué entrenador irlandés ganó la Liga con el Betis en 1935?

. . . .

28. ¿Quién era entrenador del Real Madrid en el 2-6 del Barcelona en el Bernabéu de mayo de 2009?

. . . .

29. ¿Qué entrenador se negó a viajar con el Real Madrid a un partido europeo en 1975 contra el Estrella Roja?

. . . .

30. ¿Qué entrenador era conocido como «el sabio de Hortaleza»?

. . . .

31. ¿Cuál fue el primer entrenador al que contrató Jesús Gil?

. . . .

32. ¿Quién fue el ayudante de Cruyff durante sus seis años como entrenador del Barcelona?

. . . .

33. ¿Entre qué jugador y qué entrenador tuvo que decantarse la afición del Athletic a mediados de los años 80?

. . . .

34. ¿Qué entrenador rescató por última vez al Espanyol de Segunda?

. . . .

35. ¿Qué hijo de presidente se convirtió en un problema para Capello en su primer año como entrenador del Real Madrid?

. . . .

36. ¿Qué entrenador dirigió a Osasuna en ocho ligas de Primera consecutivas?

· ·

37. ¿Qué presidente del Racing se puso el chándal para entrenar?

· ·

38. ¿Cuál fue el primer título conseguido por el Barcelona entrenado por Johan Cruyff?

· ·

39. ¿Qué entrenador alemán llevó al Tenerife a las semifinales de la Copa de la UEFA en 1997?

· ·

40. ¿Qué entrenador alemán dirigió al Barcelona que ganó la Recopa en 1982?

· ·

41. ¿Qué entrenador inglés dirigió al Barcelona que ganó la Recopa en 1997?

· ·

42. ¿Quién era el entrenador del Oviedo que participó en 1991 en la Copa de la UEFA?

· ·

43. ¿Qué entrenador originario de Tarifa dirigió al Athletic?

· ·

44. ¿A qué equipo portugués entrenó Camacho tras dejar la selección española?

· ·

45. ¿Con qué entrenador ganó el Valencia su último título?

· ·

46. ¿Qué entrenador ganó tres finales de Copa seguidas en los años 40?

· ·

47. ¿Qué entrenador ganó tres finales de Copa seguidas en los años 50?

· ·

48. ¿Qué entrenador ganó cuatro finales de Copa seguidas en los años 30?

· ·

49 ¿Qué entrenador ganó la Copa de 1977 con el Real Betis?

. . . .

50. ¿Cuál es el entrenador andaluz con más partidos en Primera?

. . . .

Respuestas de Entrenadores

1. Samitier.
2. Helenio Herrera.
3. Enrique Fernández.
4. Radomir Antić.
5. Las Palmas.
6. Molowny, Beenhakker y Toshack.
7. Queso Mecánico.
8. Valdano.
9. Cuatro.
10. Capello.
11. Luis Enrique.
12. Numancia.
13. Osasuna.
14. Marcel Domingo.
15. Doce.
16. Miguel Muñoz.
17. 22.
18. 16.
19. Queiroz.
20. David Vidal.
21. Mendilíbar.
22. Simeone.
23. Clemente.
24. Valverde.
25. Villalonga.

26. CD Logroñés.
27. O'Connell.
28. Juande Ramos.
29. Miljan Miljanić.
30. Luis Aragonés.
31. Menotti.
32. Rexach.
33. Sarabia y Clemente.
34. Camacho.
35. Fernando Sanz.
36. Zabalza.
37. Piterman.
38. Recopa de 1989.
39. Heynckes.
40. Udo Lattek.
41. Robson.
42. Irureta.
43. Luis Fernández.
44. Benfica.
45. Koeman.
46. Urquizu.
47. Daučik.
48. Pentland.
49. Iriondo.
50. Caparrós.

Diez pistas para encontrar un entrenador

1. Zara.

. . . .

2. Nochebuena.

. . . .

3. Rico Pérez.

. . . .

4. Siete empates.

. . . .

5. Cuatro ascensos.

. . . .

6. Tres descensos.

. . . .

7. Campeón con 64 años.

. . . .

8. Desafío con 65 años.

. . . .

9. Ramallets.

. . . .

10. Fran y Bebeto.

. . . .

RESPUESTA

La respuesta es Arsenio Iglesias, también conocido como «O bruxo de Arteixo», pueblo coruñés en el que nació el día de Nochebuena de 1930 y que ahora es mundialmente conocido por la firma Zara. Arsenio fue futbolista profesional durante catorce años. Debutó con el Deportivo en Les Corts marcando un gol a Ramallets en 1951. Sufrió tres descensos a Segunda. En 1965 colgó las botas y pronto empezó a cosechar éxitos como entrenador. En 1971, con el Deportivo, logró el primero de sus cuatro ascensos a Primera. Luego hizo que el Hércules, con Rico Pérez como presidente, alcanzara el mejor puesto de su historia (quinto en 1975). También ascendió con el Zaragoza y con el Burgos, en 1978, vivió un hecho sin precedentes en Primera al empatar sus siete primeros partidos con el equipo castellano. Pero su gran obra estaba por llegar, ayudado por Lendoiro, otro presidente valiente. Entre ambos construyeron el Súper Dépor que, con Fran como capitán y Bebeto como goleador, estuvo a punto de ganar la Liga en 1994 y que conquistó la Copa en 1995, cuando Arsenio tenía 64 años. Ya con 65 fue contratado por el Real Madrid, desafío que no pudo superar pero que le valió para poner el punto y final a su carrera.

EQUIPOS

Racha original

La mejor racha de victorias al empezar una Liga de Primera la protagonizó el Real Madrid en la temporada 1968-69. El equipo entrenado por Miguel Muñoz logró nueve triunfos seguidos para asegurarse casi desde el principio su tercer título de Liga consecutivo (en la novena jornada, ya sacaba cuatro puntos a Las Palmas y seis al Barcelona).

El Madrid, en esta racha histórica bajo el liderazgo de Amancio (autor de diez goles), venció a Espanyol (3-1), Deportivo (2-4), Córdoba (2-0), Athletic (0-1), Sabadell (5-3), Valencia (0-1, con gol de José Luis en el último minuto), Real Sociedad (2-1), Atlético de Madrid (0-1) y Barcelona (2-1). La sucesión de victorias del equipo blanco terminó en Pasarón, ante el inquebrantable Pontevedra de Héctor Rial, que empató sin goles ante el líder. El Madrid, cuatro días antes, ya había recibido un aviso en Viena, con la derrota en la Copa de Europa ante el Rapid (1-0) que luego no pudo remontar en el Bernabéu.

En los siguientes diecisiete partidos de Liga, el Madrid cosechó más empates (10) que victorias (7), pero le bastó para cantar el alirón en la vigésimo séptima jornada. Ya como campeón, sufrió su única derrota en esa Liga 1968-69, en la antepenúltima jornada: 1-0 en Elche.

Racha final

El único equipo que terminó una Liga de Primera con ocho victorias fue el Villarreal de Pellegrini en la temporada 2006-07. El Submarino Amarillo, semifinalista de la Copa de Europa un año antes, no estaba cumpliendo con las expectativas, entre otras cosas, por el enfrentamiento Pellegrini-Riquelme, duelo de entrenador y jugador estrella que zanjó el presidente Fernando Roig despidiendo al futbolista argentino. El Villarreal perdió en Getafe en la trigésima jornada. Era duodécimo, a doce puntos del sexto clasificado (última plaza europea).

Sin embargo, empezó una serie de victorias sin solución de continuidad: 2-0 al Barcelona, 0-3 en Tarragona, 1-0 al Celta, 1-4 en Pamplona, 2-1 al Racing, 2-3 en Mestalla, 3-1 al Athletic y 0-1 en Sevilla. Esta racha histórica tuvo premio: el Villarreal escaló siete posiciones y concluyó el torneo en quinta posición, adelantando a Zaragoza y Atlético de Madrid en las dos últimas jornadas.

OCHO DERROTAS PARA EMPEZAR

El Zaragoza de la temporada 1952-53 tiene el récord de derrotas al empezar una Liga de Primera. El equipo aragonés perdió sus ocho primeros partidos. Con el mismo entrenador, Berkessy (nacido en 1905, en Gran Varadino, entonces Hungría y hoy Rumanía), y casi con los mismos jugadores (causó baja, eso sí, el internacional Rosendo Hernández), sorprendió este birrioso arranque liguero después de acabar la anterior Liga en duodécima posición y conseguir en la Copa una remontada histórica ante el Athletic (4-0 en Torrero, para superar el 3-0 de San Mamés).

Pero el Zaragoza no paró de perder: 0-4 con el Valladolid, 3-0 con el Athletic, 1-2 con el Deportivo, 3-2 con el Oviedo, 0-2 con el C. D. Málaga, 4-1 con el Atlético de Madrid, 1-5 con el Barcelona y 3-1 con el Racing. Hasta que, ya sin Berkessy (despedido después de la séptima jornada) y con el capitán Víctor Garay y el secretario José Luis Conde como responsables, el Zaragoza ganó en Gijón (2-3).

Tras este triunfo, la directiva del club aragonés contrató a Domingo Balmanya, técnico catalán que no pudo evitar un descenso que estaba cantado. El Zaragoza terminó el torneo en última posición, con seis victorias, cinco empates y diecinueve derrotas. Balmanya no tuvo reparos en culpar del fracaso a Berkessy y su serie histórica de derrotas al empezar la temporada.

OCHO DERROTAS PARA ACABAR

La racha más larga de derrotas al terminar una Liga de Primera sigue siendo la del Arenas en la temporada 1934-35. El gran equipo vizcaíno, campeón de Copa en 1919, incapaz con sus escasos medios de hacer frente al profesionalismo, iba dando síntomas de debilidad según se desarrollaba el torneo liguero. En cada Liga era un poco menos competitivo, a medida que perdía jugadores notables.

Siendo último, se salvó del descenso en la campaña 1933-34 gracias a la ampliación de la Liga (pasó de diez a doce equipos). En el campeonato de 1934-35 aguantó el tirón en la primera vuelta, pero arrojó la toalla en la recta final, cuando enlazó ocho derrotas seguidas: 0-1 con la Real, 3-1 con el Atlético de Madrid, 1-2 con el Oviedo, 2-0 con el Espanyol, 0-1 con el Athletic, 4-0 con el Sevilla, 0-1 con el Racing y 6-1 con el Madrid.

Acabó la Liga en última posición y se despidió de Primera (nunca volvió a la máxima categoría) acompañado por la Real Sociedad, que también sufrió su primer descenso rematando el torneo con siete derrotas seguidas.

BRAVO, BARÇA

El Barcelona de la temporada 2014-15 empezó la Liga con 23 goles a favor y ninguno en contra. No recibió su primer gol hasta el minuto treinta y cinco de la novena jornada (Cristiano Ronaldo de penalti en Chamartín). Fue el primer equipo en superar imbatido la séptima jornada, con Bravo de portero. El guardameta chileno dejó el mejor registro al empezar una Liga de Primera en 754 minutos de juego sin recibir goles.

Bravo superó la marca que habían dejado en los años setenta Esnaola y Artola, dos porteros de la localidad guipuzcoana de Andoain (unos quince mil habitantes actualmente). La Real Sociedad de Esnaola recibió su primer gol en la Liga 1970-71 en el minuto diez de la séptima jornada, tanto marcado por Vicente en Granada. El Barcelona de Artola recibió su primer gol en la Liga 1977-78 en el minuto veinte de la séptima jornada, marcado por Verde en Alicante.

CERROJO DEPORTIVO

El Deportivo de la temporada 1993-94, con Liaño de portero, sigue siendo el único equipo que no recibió goles en las seis últimas jornadas de una Liga de Primera. El santanderino Liaño dejó su meta a cero en los últimos 571 minutos de juego. Después del gol de Kosecki, delantero polaco del Atlético de Madrid, en el minuto cincuenta y nueve del partido disputado en Riazor el 7 de abril de 1994, Liaño echó la llave a su portería.

El Deportivo terminó el torneo con tres victorias (0-1 en Santander, 2-0 en Tenerife y 0-2 en Logroño) y tres empates a cero (ante Lleida, Rayo y Valencia). Pero no fue suficiente para conquistar el título. Al equipo coruñés le faltó un gol a favor en la última jornada, que estuvo a punto de llegar en el último minuto de penalti, pero falló Djukić.

SEQUÍA ANDALUZA

El Málaga empezó esta Liga 2015-16 con seis partidos sin marcar, con tres derrotas por 1-0 (ante Barcelona, Getafe y Villarreal) y tres empates a cero (ante Sevilla, Éibar y Real Madrid). Nunca un equipo había arrancado una Liga de Primera con seis partidos sin marcar. El Málaga necesitó 545 minutos de juego para lograr su primer gol (la sequía terminó con un triplete de Charles ante la Real Sociedad) y batió el registro del debutante Xerez, que tardó 497 minutos en marcar su primer gol en la máxima categoría en 2009-10.

Otro equipo andaluz tiene el récord de partidos sin marcar al final de una Liga de Primera. El Granada se quedó seco cuando faltaban seis jornadas para concluir el torneo de la temporada 1969-70. Después del gol de Lara de penalti ante el Mallorca en Los Cármenes, el 8 de marzo de 1970, el Granada estuvo 595 minutos de juego sin marcar, con cuatro empates a cero y dos derrotas (1-0 en Elche y 3-0 en Riazor).

SEIS DERROTAS SIN PALIATIVOS

En Primera, tres equipos han enlazado seis derrotas sin marcar. El primero fue el Pontevedra, en 1969-70, su última temporada en la máxima categoría: 2-0 con el Valencia, 0-2 con el Celta, 3-0 con el Mallorca, 1-0 con el Granada, 0-1 con el Zaragoza y 2-0 con el Barcelona (global de 0-11).

El segundo fue el Cádiz de David Vidal, al empezar la segunda vuelta de la Liga 1989-90: 0-1 con el Atlético de Madrid, 4-0 con el Sporting, 0-2 con el Valencia, 0-3 con el Real Madrid, 1-0 con el C. D. Málaga y 0-4 con el Sevilla (global de 0-15)

El tercero fue el Celta, que, después de lograr el 1 de noviembre de 2014 su primera victoria liguera en el Camp Nou, sufrió una pájara increíble que casi provoca el despido de Berizzo: 1-0 con el Rayo, 0-1 con el Éibar, 3-0 con el Real Madrid, 1-0 con el Málaga, 0-1 con el Almería y 1-0 con el Sevilla (global de 0-8).

SIETE VICTORIAS SIN MÁCULA

Aquel primer Barça de Guardiola de la temporada 2008-09, todavía imperfecto pero encantador, es el único equipo que ha ganado siete partidos de Primera seguidos sin recibir goles. Después de empatar con el Betis y de perder con Espanyol y Atlético, había perdido en marzo buena parte de la renta de doce puntos que tuvo respecto al Madrid de Juande Ramos.

El Barça respondió con siete victorias con el cero en su portería: 2-0 al Athletic, 0-2 en Almería, 6-0 al Málaga, 0-1 en Valladolid, 2-0 al Recreativo, 0-1 en Getafe y 4-0 al Sevilla (global de 18-0). Al terminar· esta racha, el pegajoso Madrid seguía cerca (seis puntos). El Barça empató luego en Mestalla (2-2) y perdió dos puntos de ventaja. Y se tuvo que jugar el título en el Bernabéu, en la trigésimo cuarta jornada. El 2 de mayo de 2009, hizo una exhibición indeleble, algo que quedará para siempre en la memoria de los aficionados: venció por 2-6 en el campo de su máximo rival.

Cuatro días más tarde se clasificó para la final de la Copa de Europa con un gol de Iniesta al Chelsea en el último minuto. Once días más tarde, ganó· la Copa del Rey, el primero de sus seis títulos de 2009. Y ya fue un no parar.

EDAD DE ORO AZULGRANA

El Barcelona ha disfrutado de una década de éxitos sin parangón en su historia después de un periodo de seis años (entre 1999 y 2005) sin ganar títulos, también sin precedentes. El equipo azulgrana ha ejercido su dominio dentro y fuera de España. Esa autoridad se ha traducido, por ejemplo, en la Liga, en la conquista de siete títulos en once temporadas. Ha terminado primero o segundo en siete ligas seguidas. Ha acabado entre los tres primeros en doce ligas seguidas.

Todavía no ha llegado a la dictadura liguera del Madrid en los años cincuenta y sesenta (ocho títulos en nueve temporadas, trece ligas seguidas entre los dos primeros y dieciocho ligas seguidas entre los tres primeros), pero aún está por ver hasta dónde llegará la edad de oro del equipo azulgrana.

CARA A CARA

El Barcelona, en esta edad de oro, consiguió aportar ciertos datos que, seguramente, tardarán en volverse a producir. Por ejemplo, ganar todos los duelos directos en tres ligas seguidas. El equipo azulgrana, sumando los resultados de los dos partidos, salió vencedor en los enfrentamientos de la Liga 2009-10, de la Liga 2010-11 y de la Liga 2011-12 (en este torneo, esto no le valió para ser campeón). Las tres seguidas. Algo así como ganar la barbaridad de cincuenta y siete eliminatorias seguidas.

En 2012-13 terminó la racha. El Barcelona perdió su duelo directo con el Real Madrid: 2-2 en el Camp Nou y 2-1 en Chamartín. Hasta 2009, en las setenta y ocho primeras ediciones de la Liga española, solo tres equipos habían ganado a todos sus rivales en el cara a cara: el Athletic en 1929-30 y el Real Madrid en 1932-33, en ligas con nueve adversarios, y el Barcelona en 1958-59, con quince.

PEOR EQUIPO

El Sporting de Gijón de la Liga 1997-98 es el equipo que peores resultados ha obtenido en una Liga de Primera: 2 victorias,

7 empates y 29 derrotas en treinta y ocho jornadas. Estableció el récord de derrotas en un torneo (también el récord de derrotas en casa: 15), aunque mantuvo el tipo frente a tanta adversidad (16 derrotas fueron por un gol de diferencia).

Las dos victorias del Sporting, ambas en El Molinón, se produjeron en la vigésimo cuarta jornada (2-1 al Racing) y en la trigésimo segunda (4-2 al Espanyol). Cuando logró su segundo triunfo, el Sporting ya estaba matemáticamente descendido a Segunda. La inevitable noticia se confirmó el 22 de marzo de 1998, después de empatar con el Mérida en Gijón, en la jornada número treinta. Es la única vez que un equipo ha asegurado su descenso a Segunda ocho jornadas antes de acabar la Liga.

IDEAL DE PEOR EQUIPO

Si juntáramos la primera vuelta del Sporting 1997-98 con la segunda vuelta del Córdoba 2014-15, crearíamos el equipo más imperfecto de Primera. El Sporting completó la peor primera vuelta, con tres empates y dieciséis derrotas en diecinueve partidos. Llegó a la mitad de la Liga a quince puntos de la salvación.

El Córdoba completó la peor segunda vuelta (y la peor media Liga) de Primera, con dos empates y diecisiete derrotas. Había terminado la primera vuelta con seis equipos por debajo en la clasificación, pero la continuación, con cinco jugadores nuevos que en teoría llegaban para reforzar el equipo, fue un desastre, con diez derrotas seguidas. Los dos empates en esa histórica segunda vuelta fueron a domicilio: 1-1 en Riazor (30.ª jornada) y 0-0 en El Madrigal (32.ª jornada).

COLISTAS DE PRINCIPIO A FIN

El colista fue el mismo en todas las jornadas de dos ligas de Primera. El Zaragoza 1952-53 y el Levante 2007-08 estuvieron todo el torneo cerrando la clasificación.

El Real Zaragoza 1952-53 empezó la Liga con una derrota contundente por 0-4 ante el Valladolid en casa (campo de Torrero) y ya no levantó cabeza. El entrenador húngaro Berkessy fue despedido después de la séptima jornada; el Zaragoza seguía sin puntuar. Con el capitán Víctor Garay y el secretario técnico José Luis Conde como responsables provisionales, el equipo maño ganó en Gijón en la novena jornada. Luego apareció Balmanya, que no pudo resucitar al muerto.

El Levante 2007-08 también despidió al entrenador (Abel) después de la séptima jornada (un empate y seis derrotas). Gianni de Biasi llegó de Italia con fama de milagrero, pero arrojó la toalla en la trigésimo segunda jornada, dos semanas antes de que se consumara el descenso de un club en descomposición por las deudas, cuyos jugadores amenazaron con la retirada.

MILAGRO

El Zaragoza 2011-12 es el equipo que remontó más puntos para seguir en Primera. Llegó a estar a doce puntos de la salvación en la vigésimo cuarta jornada (a catorce para el final). Tenía quince puntos y nadie daba un duro por el equipo de Jiménez, que había sustituido a Aguirre dos meses antes, cuando parecía que la situación aún tenía arreglo. En la vigésimo cuarta jornada, tras una goleada sonrojante en Málaga (5-1), el Zaragoza estaba en Segunda.

Pero en las catorce últimas jornadas volvió a subir a Primera. Logró veintiocho puntos más, con la extraordinaria media para un colista de dos puntos por partido. Acabó la Liga con cuatro victorias. Y salió de los puestos de descenso en la última jornada después de veinticinco seguidas entre los tres últimos. Increíble. Lástima que la insólita reacción del Zaragoza 2011-12 siempre estará bajo sospecha por los tejemanejes de su presidente, Agapito Iglesias.

MILAGRERO

El asturiano Luis García (siete veces internacional con España) casi perdió la mitad de sus partidos en Primera (152 de 329), pero solo descendió a Segunda con el Murcia en 2004.

Para salvarse en sus siguientes ocho temporadas en Primera, Luis García intervino en los tres milagros más sonados de los últimos años, siempre siendo un futbolista importante (cabe recordar que solo dejó de jugar trece partidos de Liga en sus nueve años en Primera).

Luis García estaba en el Mallorca que se salvó en 2005 después de estar a diez puntos de la permanencia en la jornada número treinta y uno. Luis García estaba en el Espanyol que se salvó en 2009 después de estar a ocho puntos de la permanencia en la vigésimo octava jornada. Luis García estaba en el Zaragoza que se salvó en 2012 después de estar a doce puntos de la permanencia en la vigésimo cuarta jornada. Luis García es de color esperanza.

PIRUETA FINAL

El Sevilla de la temporada 1935-36 consiguió el más difícil todavía. Pasar toda la Liga en puestos de descenso y escaparse en la última jornada. Con Ramón Encinas como entrenador, con quien diez años más tarde conquistaría su único título de Liga, el equipo hispalense no encontró la manera de salir de las dos últimas posiciones. Es más, en un torneo de veintidós jornadas, el Sevilla fue colista a partir de la octava, y así llegó a la última, cuando el destino le ofreció una oportunidad.

Dos equipos tenían que bajar. Cuatro equipos en la pelea: Espanyol (16 puntos), Atlético (15), Osasuna (14) y Sevilla (14). Al Espanyol le valía el empate con el Racing (y empató). Osasuna jugaba en Bilbao contra el Athletic, que necesitaba la victoria para ganar la Liga. Se esperaba la derrota de Osasuna (y perdió). Así que el partido clave era el Atlético-Sevilla. El Sevilla tenía que ganar (y ganó, gracias a un penalti postrero fallado por el ariete rojiblanco Chacho).

DESGRACIA FINAL

El Alcoyano 1945-46 y la U. D. Las Palmas 1982-83 son los equipos que han bajado a Segunda después de estar solo la última jornada en zona de descenso directo.

El Alcoyano debutó en Primera en la Liga 1945-46. Empezó el torneo estupendamente (ganó en Murcia en la primera jornada). Llegó a ser sexto. Pero en la segunda vuelta enlazó seis jornadas sin ganar y se encontró un panorama endiablado en la última jornada. Tenía que jugar en Mestalla mientras sus dos rivales por la salvación (Murcia y Espanyol) se enfrentaban en La Condomina (les valía el empate si el Alcoyano perdía con el Valencia). A los veinte minutos, el Valencia ganaba por 3-0 y el Murcia vencía por 2-0. Con la tranquilidad que daba el resultado de Mestalla, el Murcia se relajó, el Espanyol empató ya antes del descanso y el Alcoyano se fue a Segunda. Una desgracia que acabaría con la moral de cualquiera, pero el Alcoyano ya estaba otra vez en Primera un año después.

El descenso de Las Palmas en la Liga 1982-83 da para contar la última jornada más caliente de la historia de Primera. Madrid y Athletic luchaban por el título (al Madrid le bastaba el empate). Cinco equipos se debían repartir tres plazas de descenso: Las Palmas, Osasuna, Celta, Racing y Valencia. El único de los cinco al que valía el empate era Las Palmas, pero se enfrentaba al Athletic en el Insular. El único de los cinco que tenía que ganar obligatoriamente era el Valencia, pero se enfrentaba al Madrid. Osasuna, Celta y Racing se medían a rivales sin nada en juego. El desenlace fue tremendo. El Madrid perdió en Mestalla. El Athletic ganó en Las Palmas. Osasuna venció al Barça. El Celta cayó en Valladolid tras un partido vergonzoso. El Racing sucumbió en el Calderón.

Así que el Athletic conquistó el título, se salvaron Osasuna y Valencia (último colista que ha evitado el descenso en la última jornada) y bajaron Las Palmas (a Segunda tras diecinueve años seguidos en Primera y solo en la última jornada en puestos de descenso), Celta y Racing.

TENTAR A LA SUERTE

Cuatro equipos se han jugado su continuidad en Primera en la última jornada de tres temporadas consecutivas. El Murcia eludió el descenso en las campañas 1944-45, 1945-46 y 1946-47, aunque en la última tuvo que jugar una eliminatoria de permanencia ante la Real Sociedad y acabó bajando (perdió por 0-2 en el Metropolitano). El Sporting hizo pleno y se escapó en la última jornada de las temporadas 1972-73, 1973-74 y 1974-75, aunque bajó en 1976, certificando el descenso en la penúltima jornada. El Valladolid eludió el descenso en la 2007-08 y la 2008-09, y acabó bajando en la 2009-10. El Zaragoza eludió el descenso en la temporada 2010-11 y la 2011-12 (es el único equipo de Primera que ha salido de la zona de descenso en la última jornada en dos años consecutivos) y acabó bajando en la 2012-13.

DESCENSO CON PICHICHI

El Sporting fue último en la Liga 1975-76 pese a contar en sus filas con el máximo goleador del torneo. Quini fue pichichi, con 21 goles, y su Sporting fue último, con 24 puntos. Quini marcó más de la mitad de los goles de su equipo (21 de 41). Por el contrario, el máximo goleador del campeón de Liga (el madridista Pirri) solo consiguió 13 goles.

No como colista, pero hubo otro equipo que bajó a Segunda con el pichichi en su plantilla. Fue el Valladolid en la Liga 1957-58. El equipo de la capital castellana acabó penúltimo pese a los 19 goles de Badenes, que compartió el primer puesto en la lista de goleadores con Di Stéfano (del Madrid, campeón) y Ricardo (del Valencia, cuarto).

CAMPEÓN DE LA ESCASEZ

Si Quini fue pichichi con un equipo que fue último clasificado, Baraja fue máximo goleador de un equipo campeón anotando apenas siete tantos. El Valencia de Benítez de la temporada 2001-02 es el campeón de Liga con el promedio goleador más bajo (1,34 goles por partido: 51 goles en treinta y ocho jornadas). En ese equipo tan escaso, el centrocampista Rubén Baraja fue el mejor artillero gracias a los seis goles, decisivos para la obtención del título, que marcó en las ocho últimas jornadas. Con esos goles más uno que anotó en la última jornada de la primera vuelta, Baraja llegó a siete, dos más que Mista, Salva y Rufete, compañeros que se quedaron en cinco.

El Valencia también tiene el segundo peor promedio goleador y el segundo máximo goleador más pobre de un campeón. El equipo *che*, con Di Stéfano como entrenador, ganó la Liga en la temporada 70-71 marcando 41 goles en treinta jornadas (1,36 por partido). Forment, su mejor delantero, tan solo anotó ocho dianas.

SONRISA FINGIDA

En Burgos, en vez de alegrarse, se echaban a temblar cada vez que su equipo se ponía líder de Primera. No fueron muchas veces, solo tres, en las primeras jornadas de las temporadas 1972-73, 1979-80 y 1992-93. El tembleque venía porque el equipo burgalés acabó bajando a Segunda en las tres ocasiones.

En 1972-73, al Burgos C. F. le bastó con ganar a la Real por 1-0 en la primera jornada para compartir el liderato con el Sporting. En 1979-80 también compartió el primer puesto en la primera jornada, ahora con la Real, después de ganar por 1-0 al C. D. Málaga.

En 1992-93, el Real Burgos (el Burgos C. F. había desaparecido en 1983) fue líder a lo grande en la primera jornada gracias a una goleada en El Plantío a la Real Sociedad (4-0) y grande fue su posterior descalabro (acabó último con solo cuatro victorias y una racha a mitad de Liga de veintidós jornadas sin ganar).

EL PARTIDO MÁS TRISTE

Quizás el encuentro más desgraciado de Primera se disputó en La Romareda el 22 de mayo de 1977 entre Zaragoza y Celta. Es el único partido de Primera en el que dos equipos certificaron su descenso a Segunda, en la última jornada de la Liga 1976-77. Ambos equipos necesitaban la victoria: el Celta para asegurar la permanencia y el Zaragoza para tener posibilidades. Y debían estar pendientes de los resultados de Burgos y Racing.

Sus rivales ganaron (el Burgos a la Real y el Racing en Salamanca). En La Romareda, el Zaragoza se adelantó en la primera parte con un gol de González y, esperando hasta el final un gol salvador del Salamanca en el Helmántico, no dejó que el Celta lograse el triunfo. Y doble desolación en Zaragoza. Por cierto, en esa misma jornada, el Madrid perdió con el colista en Málaga y, por primera vez, no se clasificó para competiciones europeas.

GANAR PARA BAJAR

Al Cádiz, que se salvó por los pelos en varias de sus temporadas en Primera, un año le pasó algo insólito. Estar fuera de la zona de descenso, ganar en la última jornada y bajar a Segunda. Le condenó un triple empate en la Liga 1981-82.

El Cádiz (27 puntos) llegó a la última jornada emparedado entre Las Palmas (29 puntos y ya salvado) y Sporting de Gijón (27 puntos), con los que había jugado en las jornadas anteriores (perdió en Las Palmas y ganó al Sporting). El Cádiz cerraba la Liga en Castalia ante el supercolista Castellón (victoria casi segura), pero no dependía de sí mismo, porque Sporting y Las Palmas se enfrentaban en El Molinón. El triple empate perjudicaba al equipo andaluz. En la liguilla entre los tres equipos, Sporting y Las Palmas tendrían cinco puntos, por dos del Cádiz. Y el triple empate a veintinueve puntos se produjo.

CUESTA ABAJO Y SIN FRENO

El Levante de la temporada 2004-05 es el único equipo que ha bajado a Segunda después de estar once puntos por encima de la zona de descenso. El equipo valenciano, que no militaba en Primera desde 1965, regresó con fuerza a la máxima categoría; con Schuster en el banquillo, logró diecinueve puntos en las diez primeras jornadas. Se colocó tercero (diez puntos por encima de la zona de descenso). Luego enlazó nueve partidos sin ganar y terminó la primera vuelta con tres puntos de margen. En la segunda vuelta fue caminando y, gracias al hundimiento de Mallorca, Albacete y Numancia, llegó a tener once puntos más que el decimoctavo en la jornada número treinta y uno.

Sin embargo, el Mallorca reaccionó (quince puntos en las

siete últimas jornadas). El Levante quedó paralizado (dos puntos en los siete últimos partidos, aunque Oltra sustituyó a Schuster después de la trigésimo cuarta jornada) y bajó en El Madrigal.

SALVADO EN LOS DESPACHOS

El Éibar no se convirtió en 2015 en el segundo equipo que bajaba a Segunda después de estar once puntos por encima de la zona de descenso gracias al primer descenso administrativo en la historia de Primera. El Elche, excelentemente guiado por Escribá desde el banquillo, se aseguró la permanencia deportivamente en la jornada número treinta y cinco, pero recibió un duro castigo en verano por la mala gestión del presidente Sepulcre.

Así se salvó el Éibar, que, en su debut en Primera, estuvo once puntos por encima de la zona de descenso en la decimonovena y en la vigésima jornada, tras una primera vuelta sorprendente, en la que logró veintisiete puntos. La segunda vuelta (solo ocho puntos y diez goles) fue un calvario, con ocho derrotas seguidas que bajaron de la nube al equipo guipuzcoano. Luchó hasta el final, pero quedó relegado con el inesperado empate del Deportivo en el Camp Nou en la última jornada. Luego llegaría el salvador rescate.

BARÇA GOLEADO

El Barcelona ha sufrido las dos mayores goleadas de Primera: 12-1 con el Athletic y 11-1 con el Sevilla (con Llorens y Miró en la portería, respectivamente). El 12-1 al Barça fue el cénit del dominio del Athletic en el fútbol español previo a la guerra civil. El partido se disputó el 8 de febrero de 1931 en el viejo campo de San Mamés entre el segundo y el quinto clasificado al término de la primera vuelta de la Liga 1930-31. Bata marcó dos goles pronto, Goiburu puso el 2-1 en el minuto diez y luego llegó una decena de tantos más del equipo vasco (6-1 al descanso).

El Sevilla logró veinticinco goles en las tres primeras jornadas de la Liga 1940-41, y el Barça recibió once de ellos en el viejo campo de Nervión el 29 de septiembre de 1940. El culé Valle marcó primero, pero los *stukas* del Sevilla cazaron sin piedad, sobre todo en el segundo tiempo, logrando siete goles.

Guarismos que no son de este mundo. Baste recordar que hace más de cincuenta años que un equipo no logra once goles en un partido de Primera. En concreto desde el 11-2 del Real Madrid-Elche del 7 de febrero de 1960.

BARÇA GOLEADOR

Para compensar, cabe decir que el Barcelona ha logrado las tres mayores goleadas de Primera como visitante, todas por 0-8. El primer 0-8 fue del Barcelona de Helenio Herrera ante Las Palmas de Marcel Domingo el 25 de octubre de 1959. El segundo 0-8 llegó el 20 de noviembre de 2010, en un enfrentamiento entre el Almería de Lillo (despedido fulminantemente) y el Barça de Guardiola.

El tercer 0-8 fue hace nada, el 2 de mayo de 2015, entre el descompuesto Córdoba del improvisado Romero y el Barça *triomfant* de Luis Enrique (era el resultado lógico en el partido más desigual de Primera: sesenta y cuatro puntos de diferencia entre ambos equipos antes de enfrentarse en la trigésimo quinta jornada de la última Liga).

GLOBAL DE 16-0

Enlazando el 0-8 de la primera vuelta con el 8-0 en el Camp Nou del 14 de febrero de 1960, el Barcelona consiguió en la temporada 1959-60 el global más abultado en una Liga de Primera: 16-0 ante Las Palmas. En el 0-8 del estadio Insular, el equipo canario estaba entrenado por Marcel Domingo. En el 8-0 de la segunda vuelta ya estaba dirigido por Luis Molowny, que no pudo evitar que Las Palmas acabara firmando su peor temporada en Primera.

La diferencia entre el campeón y el colista de ese torneo quedó reflejada en un histórico 16-0, con seis goles de Eulogio Martínez, tres de Luis Suárez, dos de Evaristo y uno de Villaverde, Gensana, Suco, Vergés y Olivella.

Por cierto, el Barcelona también fue protagonista del duelo que más goles brindó en una Liga de Primera: veintidós en los dos partidos con el Athletic en 1930-31 (6-3 en Les Corts y 12-1 en Bilbao).

ATHLETIC SUPERGOLEADOR

El Athletic, pese a las goleadas conseguidas por Barça y Madrid en las últimas temporadas, sigue siendo el equipo que ha marcado ocho goles o más en un mayor número de partidos de Primera. El equipo vasco llegó a los ocho goles en diecinueve partidos, por diecisiete del Barcelona y dieciséis del Madrid.

El Athletic logró en la temporada 1958-59 una sucesión de goleadas única en la historia de Primera: 9-0 al Sporting en la 15.ª jornada, 9-0 al Celta en 16.ª jornada, 1-8 en Pamplona en la 17.ª jornada y 7-0 al Betis en la 18.ª jornada. Total: treinta y tres goles en cuatro partidos, con la extraordinaria aportación de Merodio (11 goles). Casi fue el canto del cisne de las goleadas del Athletic. Desde entonces, el equipo bilbaíno solo ha marcado ocho goles en un partido de Liga, hace casi cincuenta años (8-0 al Betis el 31 de diciembre de 1967).

MÁS JORNADAS Y PARTIDOS SIN PERDER

Cuatro jugadores disputaron los treinta y ocho partidos de Primera que la Real de Ormaechea encadenó sin perder entre las ligas de 1978-79 (los seis últimos) y 1979-80 (los treinta y dos primeros). Fueron el portero Arconada, el lateral derecho Celayeta, el lateral izquierdo Olaizola y el extremo izquierdo López Ufarte.

El equipo donostiarra no perdió un partido de Liga (22 victorias y 16 empates) entre las derrotas en Santander (1-0) del 22 de abril de 1979 y en Sevilla (2-1) del 11 de mayo de 1980 (López Ufarte no jugó este encuentro, aquejado de un cólico nefrítico).

El récord de partidos seguidos sin perder en Primera (no jornadas seguidas) está en poder de Iniesta. Antes de caer con el Madrid en el Camp Nou (1-2) el 21 de abril de 2012, el Barcelona acumuló 55 partidos de Liga sin perder (47 victorias y 8 empates) jugando Iniesta.

MEJORES RACHAS EN CASA Y FUERA

La Real Sociedad, tras ganar al Barcelona el 30 de abril de 2011, evitó que el equipo azulgrana igualara su récord de treinta y dos jornadas sin perder en una Liga de Primera, pero para entonces ya había dejado escapar el récord de partidos seguidos sin perder como visitante. La Real lo dejó en 19 en 1980; el Barça lo llevó hasta 23 en 2011.

La mejor racha como local de la Liga española es uno de los récords más poderosos del torneo. El Madrid llegó a enlazar 121 partidos de Liga sin perder en el Bernabéu (112 victorias y 9 empates). Una barbaridad. Ocho años invicto en su campo entre las derrotas con el Atlético de Madrid del 3 de febrero de 1957 (0-2 con goles de Peiró y Miguel) y del 7 de marzo de 1965 (0-1 con gol de Mendonça). Tuvo que llegar el vecino que de vez en cuando toca las narices en tu propia casa para derribar las murallas del Bernabéu.

MÁS VICTORIAS SEGUIDAS

Cuatro jugadores disputaron los dieciséis partidos de Liga que el Barcelona de Guardiola ganó consecutivamente en la temporada 2010-11. Fueron Víctor Valdés, Iniesta, Villa y Pedrito. La racha histórica de victorias empezó en la séptima jornada, contra el Valencia (2-1), el 16 de octubre de 2010. Antes de este partido, el Barcelona era cuarto (a tres puntos del Valencia, a dos del Villarreal y a uno del Madrid). La racha acabó el 5 de febrero de 2011 con un 3-0 al Atlético de Madrid en la vigésimo segunda jornada, cuando el Barça ya era primero con siete puntos más que el Madrid, dieciséis más que el Villarreal y diecisiete más que el Valencia. En estos partidos destacó la aportación goleadora de Messi (21), que se perdió el encuentro ante el Levante.

El récord de partidos seguidos ganando en Primera (no jornadas seguidas) está en poder de Busquets. El Barcelona ganó veinticinco partidos de Liga seguidos jugando Busquets hasta el empate (1-1) en el Sánchez Pizjuán del 13 de marzo de 2011.

MÁS VICTORIAS SEGUIDAS EN CASA Y FUERA

El Barcelona también tiene los récords de victorias seguidas en Primera jugando como local y visitante. La racha local empezó unos meses después de la mudanza de Les Corts al Camp Nou. Perdió con el Madrid (0-2) el 2 de febrero de 1958 y luego encadenó 39 triunfos en partidos de Liga en casa, incluidos dos plenos al 15 en las ligas 1958-59 y 1959-60 con Helenio Herrera al mando. El Sevilla detuvo la racha triunfal del Barça en el Camp Nou con un empate (2-2) el 20 de noviembre de 1960.

Jugando de visitante, el equipo azulgrana, hace poco, con Guardiola como entrenador, estableció el récord de victorias seguidas en Primera a caballo de las temporadas 2009-10 y 2010-11. Sumando las dos últimas salidas de una Liga con las diez primeras de la siguiente, el Barça llegó a ganar doce partidos a domicilio de forma consecutiva a Villarreal, Sevilla, Racing, Atlético, Athletic, Zaragoza, Getafe, Almería, Osasuna, Espanyol, Deportivo y Hércules. Hasta que el Sporting de Preciado se atrincheró en El Molinón y frenó el avance azulgrana en campo enemigo con un 1-1 el 12 de febrero de 2011.

MÁS EMPATES SEGUIDOS

El defensa García Navajas y el centrocampista Jesús Valdés fueron los dos jugadores que disputaron los nueve partidos de Primera que el Burgos C. F. empató consecutivamente entre las ligas de 1977-78 (los dos últimos, con Muller como entrenador) y 1978-79 (los siete primeros, con Arsenio).

La racha histórica de empates empezó con un 0-0 con el Racing en El Plantío el 30 de abril de 1978 y acabó con un 2-2 con el Madrid también en El Plantío el 22 de octubre de 1978. Seis días después, el Burgos perdió en el Camp Nou por 2-0.

El récord de partidos seguidos empatando en Primera (no jornadas seguidas) está en poder de Carmelo Salas. El Burgos C. F. empató once partidos de Primera seguidos jugando Salas entre abril y noviembre de 1978.

MÁS EMPATES SEGUIDOS EN CASA Y FUERA

El Hércules, mira que es difícil, empató ocho partidos seguidos en el Rico Pérez en la Liga 1984-85. Es el récord de empates consecutivos como local en Primera. Y no fueron en vano. Aquellos puntitos conseguidos en casa con cinco 0-0, dos 1-1 y un 2-2 entre noviembre de 1984 y enero de 1985 fueron capitales para que el Hércules acabara logrando la permanencia, firmada finalmente con una inesperada victoria en el Bernabéu en la última jornada.

La sucesión de empates como visitante, por el contrario, estuvo a punto de costarle el puesto a Benítez como entrenador del Valencia en 2001, pero se salvó por los pelos gracias a una remontada transformadora en Montjuïc. Para entonces el Valencia ya había establecido en siete el récord de empates seguidos a domicilio en la historia de Primera.

MÁS DERROTAS SEGUIDAS

Cuatro jugadores disputaron los once partidos de Primera que Las Palmas, con Marcel Domingo (8) y Molowny (3) como entrenadores, perdió de forma consecutiva en la temporada 1959-60. Fueron el portero Pepín, el defensa Aparicio y los delanteros Larraz y Felo. La racha histórica de derrotas empezó en la decimotercera jornada, en Atocha (6-0) el 13 de diciembre de 1959, y acabó en la número veintitrés, en La Romareda (6-2) el 21 de febrero de 1960. Luego ganó al Valladolid por 4-0 en el Insular, pero dos jornadas más tarde, como no podía ser de otra manera, certificó su segundo descenso a Segunda.

El récord de derrotas en partidos seguidos (no jornadas seguidas) de una Liga de Primera está en poder de Villarroya: llegó a trece con el Sporting en 1997-98.

MÁS DERROTAS SEGUIDAS EN CASA Y FUERA

El Córdoba, después de cuarenta y dos años de ausencia, volvió a Primera en 2014, pero apenas se sintió diez meses equipo de Primera. Completó una temporada penosa, en la que dejó varios récords negativos. Por ejemplo, se convirtió en el primer equipo que enlazaba nueve derrotas en casa en partidos de Primera. Perdió todos los partidos que disputó en El Arcángel en la segunda vuelta.

Con una racha así era imposible librarse del descenso. O casi imposible, porque el Espanyol perdió los quince partidos que jugó como visitante en la Liga 1963-64 y escapó del descenso, aunque fuera jugando ante el Sporting una eliminatoria de promoción. El Espanyol también perdió sus cuatro primeras salidas ligueras en la temporada 1964-65 y dejó en diecinueve el récord de derrotas seguidas como visitante en ligas consecutivas de Primera.

MÁS PARTIDOS SIN GANAR

El Sporting es el equipo que más partidos ha encadenado sin ganar en la historia de Primera: llegó a veinticuatro (el último de la Liga 1996-97 y los veintitrés primeros del torneo siguiente), con cuatro empates y veinte derrotas. Ningún jugador disputó todos esos partidos (en veinte participaron Juan Carlos Ablanedo y Mario Cotelo) con el Sporting, que tuvo tres entrenadores en la travesía por este agujero negro (Montes, Maceda y Díaz Novoa).

El equipo asturiano no ganó ningún partido de Liga entre las victorias en El Molinón ante el Rayo (3-0) el 15 de junio de 1997 y ante el Racing (2-1) el 8 de febrero de 1998.

El récord de partidos seguidos sin ganar en Primera (no jornadas seguidas) está en poder de Juan Manuel Cartagena, con veintinueve (los trece últimos que jugó con el Cádiz en 1987 y los dieciséis que jugó con el Elche en la temporada 1988-89), en los que cosechó diez empates y diecinueve derrotas. En una misma Liga, el récord de partidos sin ganar lo tiene el croata Milivoj Bracun en veintiocho, también con el Elche en la Liga 1988-89.

MÁS PARTIDOS SIN GANAR EN CASA Y FUERA

El récord de partidos sin ganar en casa en ligas consecutivas de Primera lo tiene el C. D. Logroñés desde 1995. El equipo riojano, para terminar su primera y larga etapa de ocho años en Primera, completó una Liga horrible en la temporada 1994-95, con solo dos victorias (una en casa y una fuera). El triunfo en Las Gaunas se produjo en la trigésimo segunda jornada: 4-2 ante el Tenerife. El C. D. Logroñés llevaba por entonces dieciséis partidos de Liga seguidos en casa sin ganar (siete empates y nueve derrotas).

El récord de partidos sin ganar como visitante en ligas consecutivas de Primera lo llevó el Celta a sesenta y tres partidos en 1975. El equipo gallego venció (0-1) en el derbi disputado en Riazor el 14 de noviembre de 1971 y no volvió a ganar un partido de Liga a domicilio en cuatro años. Tres ligas seguidas sin victorias como visitante (1972-73, 1973-74 y 1974-75). En total, el Celta cosechó veinticuatro empates y treinta y nueve derrotas en sesenta y tres salidas seguidas para firmar una racha histórica que acabó con sus huesos en Segunda en 1975.

DOS VICTORIAS

Dos es el número mínimo de victorias que lograron los peores equipos que han disputado una Liga de Primera. Betis y Zaragoza coincidieron en completar un torneo lamentable en la temporada 1942-43. Tienen una excusa: eran equipos recién ascendidos. Los dos triunfos del Betis fueron ante Real Madrid (3-1 en la cuarta jornada) y Athletic (3-1 en la decimocuarta). Los dos triunfos del Zaragoza fueron ante Betis (1-0 en la séptima jornada) y Espanyol (4-2 en la undécima jornada).

En la Liga siguiente, sorprendió que el Celta, después de acabar quinto en el torneo anterior, solo consiguiera dos victorias en todo el campeonato: 1-0 al Real Madrid en la séptima jornada y 3-2 al Athletic en la vigésimo primera. El Celta perdió a su delantero centro (Del Pino), traspasado al Sabadell, pero el desplome no tuvo explicación lógica.

Casi cincuenta años más tarde, el C. D. Logroñés, que ya ofrecía síntomas de desgaste después de siete años seguidos en Primera, también completó la Liga con dos victorias: 0-1 en Vigo en la decimonovena jornada y 3-2 contra el Tenerife en la trigésimo segunda jornada.

El último equipo con solo dos triunfos en una Liga de Primera fue el Sporting de la temporada 1997-98: 2-1 al Racing en la jornada número veinticuatro y 1-0 al Espanyol en la trigésimo segunda.

Diecisiete empates

El récord de empates en una Liga de Primera está fijado en diecisiete. Hasta ahí llegaron el Espanyol en 1997-98 (con 12 victorias y 9 derrotas en treinta y ocho jornadas) y el Racing en 1996-97 (con 11 victorias y 14 derrotas en cuarenta y dos jornadas), cuando ya los empates habían perdido valor al crecer a tres puntos el premio por ganar. Pero no les fue tan mal: el Espanyol terminó la Liga en décima posición y el Racing fue decimotercero.

También cosecharon diecisiete empates, en ligas de treinta y ocho jornadas y con el antiguo sistema de puntuación, el Rayo en 1992-93 (acabó decimocuarto), el Real Burgos en 1990-91 (acabó undécimo) y el Mallorca en 1989-90 (acabó décimo).

El primer equipo que llegó a diecisiete empates en una Liga de Primera fue el C. D. Málaga y lo hizo en un torneo de treinta y cuatro jornadas. Firmó tablas en la mitad de sus partidos (con 9 victorias y 8 derrotas) y terminó la Liga en séptima posición.

El C. D. Málaga batió el récord de empates, pero no fue el primer equipo en empatar la mitad de sus partidos en una Liga de Primera. Ese privilegio pertenece al Elche de Roque Máspoli en la temporada 1968-69 (15 empates en treinta jornadas para acabar noveno).

Curiosamente, ningún equipo de la temporada 1984-85 aparece en esta relación, y eso que aquella fue la Liga con el promedio más alto de empates en Primera: 35,6% (109 en 306 partidos).

MÁS EMPATES EN CASA Y FUERA

El Racing de la temporada 1999-2000, con el pichichi Salva y el explosivo Munitis, dejó las emociones para fuera de casa (goleada en Anoeta, con cuatro goles de su ariete; supervictoria en el Bernabéu; triunfo en Mestalla...). En su terreno, en los Campos de Sport del Sardinero, se aburrió con una sucesión de igualadas que le llevaron a establecer el récord de empates en casa en la Liga. Hasta trece partidos disputados en Santander en esa temporada acabaron en tablas, acompañados de solo tres victorias locales (ante Celta, Oviedo y Atlético) y tres triunfos visitantes (de Barcelona, Málaga y Zaragoza).

El récord de empates a domicilio en una Liga de Primera también está en trece. Allí llevó la marca el Barcelona en la campaña 1986-87, en tiempos en los que la media inglesa (victoria en casa y empate fuera) valía, casi siempre, para ganar la Liga. Pero el equipo azulgrana, en un torneo larguísimo, de cuarenta y cuatro jornadas, sufrió tres tropiezos en el Camp Nou (empates ante Zaragoza y Atlético, y un histórico 0-4 con el Sporting) que le impidieron a Venables cuadrar las cuentas. Terminó la Liga a tres puntos del Madrid, que, a su manera, sí cumplió exactamente con la media inglesa (66 puntos en cuarenta y cuatro partidos).

NADA DE EMPATES

El Sporting, con el arrojado Preciado como entrenador, volvió a Primera en 2008, después de una década en Segunda, jugando a todo o nada. Estuvo a punto de completar la Liga sin empates: solo igualó con el Athletic (1-1 en El Molinón en la trigésimo cuarta jornada). El resto fueron victorias (14) o derrotas (23). Se salvó por los pelos.

Ese solitario 1-1 del Sporting con el Athletic hace que el Valencia de la temporada 1963-64 siga siendo el último equipo que ha concluido una Liga de Primera sin empates: 16 victorias y 14 derrotas en un torneo de treinta jornadas, para ser sexto.

Otros seis equipos completaron ligas de Primera sin empates, pero para encontrarlos hay que mirar en las temporadas previas a la Guerra Civil española. Cinco en ligas de dieciocho jornadas: Racing en 1929-30 (octavo), Athletic en 1930-31 (campeón), Real Sociedad en 1931-32 (octavo), Athletic en 1932-33 (subcampeón) y Barcelona en 1933-34 (penúltimo). Más uno en ligas de veintidós jornadas: Osasuna en 1935-36 (último), cuando se disputó el torneo con el promedio más bajo de empates en Primera (11,4%: quince en 132 partidos).

NUEVO BAREMO

En 1995 se instauró en España el baremo de puntuación liguero que sigue vigente: tres puntos por victoria, un punto por empate y ningún punto por derrota. La liga inglesa ya llevaba años con esta escala de valores y los inventores del fútbol acabaron por extender la medida al mundo entero, con la anuencia de la FIFA. El nuevo sistema de puntuación, aunque se entendía que penalizaba los empates, se implantó, según sus promotores, para favorecer el juego ofensivo.

Después de veinte años del cambio de norma, según los datos arrojados por los partidos disputados en la Primera española, el número de empates no se ha reducido (hasta 1995 el promedio era del 23%; desde entonces es del 25%), solo un campeón habría variado (el Barcelona hubiera ganado la Liga en 2007 en vez del Real Madrid si las victorias valiesen dos puntos) y el número de goles no ha crecido notablemente (en ninguna Liga desde 1963 se ha superado la media de tres goles por partido).

La evolución del fútbol en las dos últimas décadas tiene que ver con las modificaciones en las reglas de juego, no con el cálculo de los puntos. Por el contrario, el premio añadido a las victorias sí que ha aumentado la distancia entre los equipos grandes y pequeños, problema competitivo del fútbol moderno.

SIN DERROTAS

Dos equipos completaron ligas de Primera sin derrotas. Fueron torneos cortos, de 18 jornadas, pero no perdieron ningún partido. El primero fue el Athletic de Pentland en la temporada 1929-30, que dominó la Liga con doce victorias y seis empates. Luego también ganó la Copa, aunque en el camino hasta la final sufrió derrotas ante Racing y Barça. El único lunar del Athletic en ese curso llegó en el Campeonato Regional, relegado por el Alavés.

De ese Alavés, que era capaz de hacer frente al mejor equipo español de la preguerra, el Madrid fichó a Ciriaco, Quincoces y Olivares, que con las incorporaciones de Luis Regueiro y de Hilario, más lo que ya tenía (Zamora, Prats, Lazcano, etc.), convirtieron al equipo blanco en invencible en la Liga 1931-32 (diez victorias y ocho empates), aunque, posteriormente, las estrellas dirigidas por el húngaro Hertza cayeron a las primeras de cambio en la Copa, eliminados por un equipo de Segunda (Deportivo).

PLENO DE VICTORIAS EN CASA

El Real Madrid de la temporada 1985-86 es el último equipo que ha logrado pleno de victorias en todos los partidos disputados en casa en una Liga de Primera (y el único que lo ha conseguido en un torneo de más de treinta jornadas). El equipo blanco, que llevaba cinco años sin ganar el campeonato, se hizo fuerte en el Bernabéu con la Quinta del Buitre ya consolidada y las incorporaciones vitales de Hugo Sánchez, Maceda y Gordillo, todos liberados por Molowny, entrenador que daba rienda suelta al talento individual.

El Madrid ganó sus diecisiete partidos de Liga en Chamartín: 5-0 al Valencia, 1-0 al Racing, 2-1 al Atlético, 2-0 al Athletic, 4-0 al Hércules, 3-1 al Cádiz, 5-1 a Las Palmas, 4-0 al Celta, 1-0 a la Real, 4-1 al Betis, 4-1 al Espanyol, 1-0 al Zaragoza, 2-0 a Osasuna, 2-1 al Sevilla, 3-1 al Barcelona, 2-1 al Valladolid y, tras cantar el alirón, 2-1 al Sporting.

Lo ganó todo en casa en la temporada (diecisiete partidos de Liga, tres de Copa y seis de UEFA) hasta que el Barça con un 0-4 acabó con la racha en la Copa de la Liga. El Madrid también hizo pleno de victorias ligueras en las temporadas 1959-60 y 1962-63, como igualmente consiguieron el Barcelona en 1948-49, 1952-53, 1958-59 y 1959-60, el Sevilla en 1956-57 y el Athletic en 1933-34 y 1935-36.

MEJORES VISITANTES

El Athletic 1932-33 y el Real Madrid 2011-12 son los equipos que han obtenido mejores resultados como visitantes en una Liga de Primera. El Athletic de Pentland ganó ocho de sus nueve partidos fuera en la Liga 1932-33. Se quedó a un paso del pleno de victorias. Se lo impidió el Arenas, el vecino rebelde que durante años fue una china en el zapato del Athletic. El Arenas ganó al equipo de la capital vizcaína por 4-2. El Athletic no pudo ganar la Liga pese a sus ocho triunfos a domicilio, lastrado por sus malos resultados en San Mamés (cinco victorias y cuatro derrotas).

El Real Madrid de Mourinho completó una brillante Liga 2011-12 como visitante, con dieciséis victorias en diecinueve partidos. Los equipos que se resistieron a perder en casa ante el equipo blanco fueron el Levante (1-0), el Racing (0-0) y el Villarreal (1-1). El Madrid logró cincuenta puntos fuera, otros cincuenta puntos en casa y ganó el título, que sentenció, como no, con un triunfo a domicilio en el Camp Nou (1-2).

CAMPEÓN AL REVÉS

Un campeón ganó la Liga logrando más puntos fuera que en casa. Fue el Atlético de Madrid en 1995-96. El equipo de Antić consiguió cuarenta y cuatro puntos como visitante (13 victorias, 5 empates y 3 derrotas). En el Calderón obtuvo cuarenta y tres puntos (13 victorias, 4 empates y 4 derrotas).

Hasta febrero, el Atlético se mantuvo firme al frente de la clasificación gracias a los resultados obtenidos en su campo (diez victorias y dos empates), pero en el último tercio del torneo tuvo que arañar puntos a domicilio desesperadamente porque en el Calderón sufrió cuatro derrotas que comprometieron su liderazgo.

El equipo rojiblanco perdió en casa ante el Sevilla (que era antepenúltimo), el Valladolid (que era penúltimo), el Real Madrid (que estaba en plena crisis) y el Valencia (que estaba luchando por el título). El Atlético compensó estas derrotas con nueve salidas sin perder al final del torneo, que acabó ganando con un triunfo ante el Albacete en el Calderón en la última jornada. Ahí no podía fallar.

SIN PUNTOS FUERA

El Espanyol de la temporada 1963-64 es el último equipo que ha concluido una Liga de Primera sin puntuar como visitante. Y no bajó (fue decimotercero). En Sarrià, ante sus aficionados, fue otro (diez victorias y cinco empates). Eso sí, tuvo que jugar una eliminatoria ante el Sporting para asegurar su continuidad en Primera, en la que, como era de esperar, perdió fuera (1-0 en Gijón) y remontó en casa (3-0 en Barcelona).

Antes, otros tres equipos completaron ligas de treinta jornadas sin puntuar como visitantes; todos bajaron a Segunda: Lleida en 1950-51, Racing en 1954-55 y Hércules en 1955-56.

En ligas de menos jornadas, hasta trece equipos perdieron todos sus partidos a domicilio. Siete no descendieron: Racing en 1929-30, Espanyol en 1930-31, Valencia en 1931-32, Racing en 1932-33, Barcelona en 1933-34, Espanyol en 1935-36 y Valladolid en 1948-49. Seis perdieron la categoría: Atlético de Madrid en 1929-30, Alavés en 1932-33, Osasuna en 1935-36, Racing en 1939-40, Real Sociedad en 1941-42 y Sabadell en 1948-49.

Curioso que el Espanyol se salvara siempre que no puntuó como visitante, ya fuera en ligas de dieciocho jornadas (1930-31), de veintidós (1935-36) o de treinta (1963-64).

MÁS PARTIDOS MARCANDO

Hasta hace dos años, el récord de jornadas consecutivas marcando en Primera lo tenía el Barcelona en treinta y seis desde 1944. El propio Barça casi dobló el valor de este récord al marcar un gol, como mínimo, en sesenta y cuatro jornadas seguidas entre el 0-0 en El Madrigal del 28 de enero de 2012 (con Diego López como portero del Villarreal) y el 0-0 en El Sadar del 19 de octubre de 2013 (con Andrés Fernández como portero de Osasuna). Cincuenta y seis partidos de Liga marcando con Guardiola como entrenador y ocho más con Vilanova, con una media superior a tres goles por encuentro (198 goles en total).

Marcó un gol en seis partidos, marcó dos en veintitrés, marcó tres en diez, marcó cuatro en catorce, marcó cinco en ocho, marcó seis en uno y marcó siete en dos. El Barcelona, durante este periodo, también estableció el récord de partidos seguidos marcando como visitante en Primera (32).

También es culé, aunque bastante más antigua, la mejor racha de Primera de partidos seguidos marcando en casa. Llegó a ochenta y ocho entre 1952 y 1958 sumando los setenta y nueve últimos encuentros de Liga disputados en Les Corts y los nueve primeros en el Camp Nou.

El récord podría haber sido aún mayor si el Barcelona no llega a quedarse a cero en un inocente partido con el Valladolid que terminó 0-0 el 27 de enero de 1952. El Valladolid fue el único equipo que salió imbatido en los 153 partidos de Liga que jugó el Barça en casa entre el 21 de septiembre de 1947 (2-1 al Oviedo) y el 19 de enero de 1958 (2-0 a Las Palmas).

Es decir, el Barça marcó en todos los partidos de Liga que disputó en su campo en más de diez años, menos en uno. Goicolea fue el único portero visitante que dejó su puerta a cero en el feudo culé durante esa década. La hazaña le sirvió para fichar por el Barcelona en 1953, aunque en el equipo azulgrana, hasta su retirada, estuvo a la sombra de Ramallets.

MÁS PARTIDOS SIN MARCAR

Dos equipos enlazaron ocho partidos sin marcar en Primera (ambos bajaron a Segunda en esa Liga y no han vuelto a jugar en la máxima categoría). El último fue el Castellón en la temporada 1990-91. Acumuló 757 minutos de juego sin marcar entre el gol de Raúl a Osasuna el 21 de octubre de 1990 y el gol de Alcañiz a la Real el 6 de enero de 1991, en partidos jugados en el nuevo Castalia.

El Sabadell fue el primer equipo que enlazó ocho partidos de Primera sin marcar y estableció el récord de ineficacia del torneo. En 1987, el equipo arlequinado se mantuvo a cero durante 813 minutos de juego (más de trece horas y media) entre el gol de Zamora al Logroñés (con Pérez de portero) en Las Gaunas, el 19 de septiembre, y el gol de penalti de Rubio al Zaragoza (con Cedrún de portero) en la Creu Alta, el 6 de diciembre.

MÁS PARTIDOS SIN MARCAR EN CASA Y FUERA

El Athletic de la temporada 1995-96, con delanteros como Ziganda, Valverde o Etxeberria, sigue siendo el único equipo que ha enlazado siete partidos de Primera sin marcar en casa. Los buenos aficionados que acudieron a San Mamés al empezar 1996 estuvieron tres meses sin ver un gol del Athletic, que acumuló 681 minutos de juego sin marcar en la Catedral entre los goles del centrocampista Carlos García al Zaragoza (con Juanmi de portero) el 3 de enero y al Salamanca (con Aizpurua de portero) el 7 de abril.

El récord de ineficacia en Primera como visitante lo fijó el Hércules de la temporada 2010-11, con delanteros como Valdez, Trezeguet y Portillo. Pasaron 1.114 minutos de juego (más de dieciocho horas y media) desde el gol de Valdez en Almería el 24 de octubre de 2010 hasta el gol de Portillo en Anoeta el 3 de abril de 2011.

MÁS PARTIDOS RECIBIENDO GOLES

El Gimnàstic es el equipo que ha recibido goles en más jornadas seguidas de Primera. Fueron cuarenta y una: las quince últimas de la temporada 1948-49 y las veintiséis de la temporada 1949-50, con Dauder, Soro y Félix Pérez como porteros del equipo de Tarragona en estos partidos. El Nàstic se fue a Segunda y tardó cincuenta y seis años en volver a Primera. Curiosamente, en su primer partido tras el esperado regreso dejó su puerta a cero: ganó por 0-1 al Espanyol en Montjuïc, con Bizzarri de portero.

El Real Unión de Irún, uno de los equipos fundadores de Primera, tiene desde el principio de los tiempos el récord de partidos seguidos recibiendo goles en casa en ligas consecutivas de Primera. Recibió goles en los veintinueve primeros partidos de Liga disputados en el Stadium Gal hasta que Antonio Emery (abuelo de Unai) dejó su puerta a cero ante el Arenas el 10 de enero de 1932.

El récord de partidos seguidos recibiendo goles como visitante en ligas consecutivas de Primera es del Celta desde 1950. Hasta su victoria en Alcoy por 0-2 el 7 de enero de 1951, el equipo gallego encadenó cincuenta y seis salidas ligueras con goles en contra, racha que había empezado con otra victoria por 0-2, en Murcia, el 20 de octubre de 1946.

ABEL PARA SIEMPRE

El portero Abel fue el protagonista del estratosférico récord de imbatibilidad en Primera que estableció el Atlético de Madrid en la temporada 1990-91, pero que nadie se olvide de los defensas que protegieron al guardameta toledano en la mayoría de aquella sucesión de trece partidos del Atlético: Tomás, Donato, Juanito, Solozábal y Juan Carlos.

El equipo entrenado por Tomislav Ivić perdió en el Luis Sitjar de Mallorca por 1-0 el 25 de noviembre de 1990, con gol de Claudio en el minuto treinta y uno. Luego mantuvo su puerta a cero ante Zaragoza (4-0), Cádiz (0-1), Real Sociedad (4-0), Logroñés (0-1), Oviedo (0-0), Real Madrid (0-3), Espanyol, (4-0), Valencia (2-0) y Betis (0-0). En Heliópolis, Abel batió el récord de imbatibilidad que tenía Reina desde 1973 en 824 minutos.

El Atlético de Madrid no paró y siguió sumando partidos dejando su puerta a cero ante Valladolid (2-0), Tenerife (0-0), Athletic (2-0) y Osasuna (0-3). Y el 17 de marzo de 1991, en el Calderón, el sportinguista Luis Enrique batió a Abel en el minuto cuarenta y cinco. Total: 1.274 minutos de juego (más de veintiuna horas), con veintiocho goles seguidos del Atlético en este periodo.

CASILLAS ÚNICO

Contando todas las competiciones, el récord de imbatibilidad de Abel Resino, que en partidos de Liga llegó a los 1.274 minutos, se quedó en 924 al recibir un gol de Hugo Sánchez en un encuentro de Copa disputado en el Bernabéu el 7 de febrero de 1991.

Pues bien, Casillas batió este registro en la temporada 2013-14, en la que fue suplente de Diego López en Liga y titular en Copa y Copa de Europa. Casillas enlazó nueve partidos imbatido con el Madrid y llegó a los 951 minutos de juego entre los goles de Umut Bulut el 27 de noviembre de 2013 y de Huntelaar el 26 de febrero de 2014, ambos en la Copa de Europa.

Casillas es desde entonces el portero que más minutos ha aguantado en un club sin recibir goles en la historia del fútbol español de élite. Para llegar a los 951 minutos, el guardameta internacional tuvo que realizar dieciocho paradas y detener así todos los remates a puerta de los delanteros rivales.

RÉCORDS DE IMBATIBILIDAD EN CASA Y FUERA

El Barcelona tiene los récords de imbatibilidad en Primera jugando como local y como visitante. El récord en casa es reciente. El Barça estuvo 1.151 minutos de juego (más de diecinueve horas) sin recibir goles en el Camp Nou (40 con Pinto de portero y 1.111 con Víctor Valdés) entre el gol de Corona el 9 de abril de 2011 y el gol de Rubén Castro el 15 de enero de 2012. Fueron 310 minutos en la Liga 2010-11 y 841 en la Liga 2011-12, con un acumulado impresionante de cuarenta y ocho goles a favor del Barcelona y ninguno en contra en este lapso de tiempo.

El récord de Primera de partidos seguidos sin recibir goles como visitante lo fijó el Barça en la temporada 1986-87: 735 minutos de juego (más de doce horas) sin recibir goles con Zubizarreta de portero entre el gol de Mejías en Murcia el 19 de octubre de 1986 y el gol de Gallart en Sarrià el 8 de febrero de 1987.

MÁS GOLES EN CONTRA

El Lleida debutó en Primera en 1950 y no dejó pasar la ocasión de hacer historia. Le metieron un montón de goles en la Liga 1950-51. Hasta 134 (en treinta jornadas): 4,46 por partido. Es el único equipo que ha recibido más de cien goles en una Liga de Primera y el único que ha superado la media de cuatro goles en contra por encuentro.

Los 134 goles se los repartieron entre tres porteros: 64 para Rivero, 45 para Montserrat y 25 para Eroles. El Lleida, en la Liga 1950-51, recibió diez goles en dos partidos (en Riazor y en San Mamés), nueve goles en uno, ocho goles en otro, siete goles en dos, seis goles en cuatro, cinco goles en cuatro, cuatro goles en cuatro, tres goles en cuatro, dos goles en cinco y un gol en uno. Dejó su puerta a cero en dos partidos, ambos ganados en casa por 1-0, ante Real Sociedad y Deportivo, con Montserrat de portero.

El Lleida aprovechó también para establecer los récords de goles en contra en una Liga de Primera en casa (46) y fuera (88).

Porteros más goleados

El irundarra José Ignacio Aizpurua es el portero que ha recibido más goles en una Liga de Primera. Llevó el récord a 79 goles en los 40 partidos que disputó con el Salamanca en la temporada 1995-96. Batió la marca que dejó Vicente Dauder en la Liga 1949-50: 77 goles en apenas 22 partidos en el Nàstic de Tarragona.

Veintiocho porteros han recibido más de sesenta goles en alguna Liga de Primera. El único que pasó de esa cifra en tres ligas fue el valenciano Pepín, en su larga etapa como guardameta de Las Palmas: 69 en 1954-55, 63 en 1958-59 y 64 en 1959-60.

Gorka Iraizoz, titular del Athletic en una mala época del equipo vasco, es el único portero que ha recibido más de cincuenta goles en cinco ligas seguidas de Primera: 60 en 2008-09, 53 en 2009-10, 54 en 2010-11, 52 en 2011-12 y 61 en 2012-13.

Cara y cruz de Bravo

El chileno Bravo, en su ciclo en la Real Sociedad, se convirtió en el portero extranjero que más goles recibió en una Liga de

Primera. En la temporada 2010-11, nada más regresar a la máxima división, el equipo donostiarra sufrió hasta la última jornada para asegurar su permanencia y recibió sesenta y seis goles, todos con Bravo entre los palos.

Cuatro años después, el guardameta chileno aprovechó su fichaje por el Barcelona para ser el primer portero extranjero en completar veintitrés partidos sin recibir goles en una Liga de Primera (el belga Courtois se quedó en veinte con el Atlético de Madrid en 2012-13 y 2013-14). Y como dejó su puerta a cero en sus ocho primeros partidos con el equipo azulgrana, Bravo estableció un nuevo récord de imbatibilidad al empezar una Liga de Primera: 754 minutos sin recibir goles.

MENOS GOLES EN CONTRA

El Real Madrid tiene los dos mejores registros de goles en contra en ligas de Primera, ambos conseguidos en torneos de solo dieciocho jornadas y con *El Divino* Ricardo Zamora como portero titular: quince en 1931-32 y diecisiete en 1932-33. Pero la referencia esencial en la historia liguera en el apartado defensivo la encontramos en la temporada 1993-94. El Deportivo de Arsenio, que nadó y nadó para morir en la orilla en su lucha por ganar el título, logró con su esforzada tarea unos datos casi insuperables.

Solo recibió dieciocho goles en treinta y ocho jornadas, con el mejor promedio en una Liga de Primera (un gol en contra cada 190 minutos de juego). Además, el equipo gallego dejó su puerta a cero en veintiséis partidos, batiendo la marca del Barça en 1986-87 (24). El Deportivo de Arsenio, con un excelente portero (Liaño) y una zaga de cinco (López Rekarte, Voro, Djukić, Ribera y Nando), consiguió una seguridad defensiva extraordinaria.

MEJOR Y PEOR PROMEDIO

Para valorar más una trayectoria global que hazañas puntuales, entre todos los porteros que disputaron más de cien partidos en Primera, el que presenta el mejor promedio antigoleador es Víctor Valdés, que solo recibió 321 goles en sus 387 citas ligueras con el Barcelona. El guardameta catalán abandonó el Barça en 2014 fijando una media de 0,83 goles por partido después de explotar convenientemente sus cualidades en un equipo dominante que le ayudó a ganar cinco veces el trofeo Zamora.

Los siguientes porteros en esta lista de promedios son Courtois (0,84), Liaño (0,86), Rodri (0,87) y García Remón (0,92).

En el polo opuesto, el peor promedio entre los porteros que disputaron más de cien partidos en Primera está desde hace décadas en poder de otro portero catalán: 2,04 goles por partido recibidos por Trías, que jugó 185 partidos entre 1939 y 1953 con el Espanyol y el Murcia (379 goles en contra).

MENOS GOLES A FAVOR

El C. D. Logroñés de la temporada 1994-95, equipo que firmó un torneo lamentable, con apenas dos victorias para repartir entre los cinco entrenadores que intentaron inútilmente enderezar su rumbo, dejó en quince el registro mínimo de goles en una Liga de Primera, con el peor promedio de todos los tiempos (un gol marcado cada 228 minutos de juego).

Más récords: solo marcó goles en diez partidos y se quedó a cero en veintiocho. Dejó de marcar en doce partidos en casa (récord) y en dieciséis partidos a domicilio (récord).

Los quince goles del Logroñés en aquella Liga fueron de Gudelj (3), Sílvio (3), Marković (2), Matute (2), Delgado, José Ignacio, Juanjo, Víctor Segura y Villanova. Eso sí, entre tanta escasez, el Logroñés se dio un homenaje ante el Tenerife en la trigésima segunda jornada con una goleada (4-2) para aliviar sus penas. En un partido marcó el 26% de sus goles.

TOPE DE TRES GOLES

Lo que Messi y Cristiano Ronaldo han banalizado en los últimos años con tanto triplete, puede ser una barrera infranqueable en algunas ocasiones. Los máximos goleadores del Espanyol en la Liga 1970-71 y del C. D. Logroñés en la Liga 1994-95 solo marcaron tres goles en todo el torneo. Dentro de equipos con una dificultad evidente para generar ocasiones de gol, los delanteros no estuvieron finos en ambos casos.

El Espanyol 1970-71 solo marcó dieciocho goles en la Liga de aquella campaña y sus máximos goleadores fueron Re (goles en las jornadas 11, 13 y 15) y Solsona (goles en las jornadas 4, 5 y 24). El C. D. Logroñés 1994-95 solo marcó quince goles y sus máximos goleadores fueron Sílvio (goles en las jornadas 12, 21 y 36) y Gudelj (gol en la jornada 25 y doblete en la 32).

MÁS Y MENOS GOLEADORES

El reparto de los goles entre los jugadores de una plantilla puede provocar diferencias muy llamativas, como que todos los goles de un equipo en una Liga de Primera se los repartan entre cuatro jugadores, tal como sucedió en el Osasuna en la temporada 1935-36 (20 goles de Vergara, 10 de Paco Bienzobas, 8 de Iturralde y 6 de Catachús) y en el Deportivo de 1964-65 (8 goles de Montalvo, 5 de Veloso, 3 de Arcángel y 1 de Pellicer).

Por el contrario, el Madrid de la Liga 1995-96 y el Valencia de 1996-97 tuvieron diecinueve goleadores diferentes. El Madrid empleó a veintinueve jugadores en la Liga 1995-96 y solo diez se quedaron sin marcar (dos porteros y ocho jugadores de campo). El Valencia empleó a veintiocho jugadores en la Liga 1996-97 y solo nueve se quedaron sin marcar (dos porteros y siete jugadores de campo).

MÁS GOLES A FAVOR

Real Madrid (12) y Barcelona (11) se reparten las veintitrés primeras marcas goleadoras en una Liga de Primera. Ambos equipos han convertido en habitual llegar a los cien goles, algo que hasta 2008 solo habían conseguido una vez cada uno. El Madrid ya ha pasado de esa cifra en siete ocasiones; el Barça ha llegado en seis.

El tope goleador en una Liga de Primera, sin contar los registros de Madrid y Barça, está en poder del Athletic, que logró 88 dianas en la temporada 1950-51 (38 de Zarra). El Atlético de Madrid se quedó ese mismo año en 87 goles, con su famosa «delantera de cristal».

Otros tres equipos han marcado más de ochenta goles en una Liga de Primera. El Valencia de la delantera eléctrica alcanzó los 85 goles en 1941-42. El Espanyol también explotó la provechosa Liga de 1950-51 para marcar 82 tantos. Y el Betis de los golitos de Alfonsito, con 81 en 1996-97, es el único equipo, sin contar a Madrid y Barça, que ha pasado de los ochenta goles en una Liga de Primera desde que el Athletic llegara a 83 en 1952-53.

Hasta 2008, llegar a los cien goles en una Liga de Primera era algo excepcional. Para que un equipo marcara más de cien goles hubo que esperar a la temporada 1989-90: el Madrid de la Quinta del Buitre entrenado por Toshack llegó a 107. Siete años más tarde, el Barça del mejor Ronaldo entrenado por Robson alcanzó los 102 goles.

Desde 2008, lo raro es que el Real Madrid o el Barcelona no lleguen a los cien goles. El Madrid ha pasado de esa simbólica cifra en seis ligas seguidas, con los dos topes históricos: 121 en 2011-12 (con Mourinho como entrenador) y 118 en 2014-15 (con Ancelotti). El Barça ha llegado a los cien goles en cinco de las siete ligas disputadas en este periodo, llegando a 115 en 2012-13.

MÁS 89 Y MENOS 93

Dos equipos han acabado una Liga de Primera con una diferencia de +89 goles. Han sido, claro, Madrid y Barça. Y hace poco. El Madrid marcó 121 goles en la Liga 2011-12 y recibió 32. El Barça marcó 110 goles en la Liga 2014-15 y recibió 21. Madrid y Barça se quedaron cerca de la histórica diferencia de goles que obtuvo el gran Torino en la liga italiana de la temporada 47-48: +92 goles (125 a favor y 33 en contra).

La peor diferencia de goles en una Liga de Primera (-93), como no, pertenece al Lleida desde 1951: es lo que pasa si recibes 134 goles, aunque marques 41.

La diferencia de goles es un criterio de desempate que se utiliza en la Liga española desde la temporada 1990-91. Anteriormente se empleaba el famoso *goal-average*, obtenido de la división de los goles a favor por los goles en contra: los equipos empatados se ordenaban de mayor a menor cociente.

MÁS GOLES MARCADOS EN CASA Y FUERA

El récord de goles en casa en una Liga de Primera lo estableció el Madrid en la Liga 1989-90. El equipo de Toshack marcó en el Bernabéu 78 de sus 107 goles. El promedio del Madrid en esa Liga fue de 4,1 goles por partido en casa, por debajo de los 5,44 que alcanzó el Athletic en San Mamés en la Liga 1930-31 (49 goles en 9 partidos).

El récord de goles como visitante en una Liga de Primera ha sido batido reiteradamente por Madrid y Barça en las últimas temporadas. En 2014-15, el Madrid subió el listón un poco más hasta dejarlo en 53 goles (2,79 por partido). Aunque el único equipo que marcó más de tres goles de media como visitante en una Liga de Primera fue el Athletic en la temporada 1932-33: 28 goles en 9 partidos.

MENOS GOLES MARCADOS EN CASA Y FUERA

En la Liga de la temporada 1969-70 se juntaron los dos equipos que menos goles han conseguido en su terreno en una Liga de Primera. El Granada solo marcó ocho goles en los quince partidos disputados en el viejo campo de Los Cármenes. El Pontevedra solo marcó nueve goles en Pasarón. El Pontevedra bajó a Segunda, pero el Granada, luchando contra toda lógica, siguió en Primera marcando ocho goles en casa.

Como visitante, el récord es del Deportivo, que solo marcó dos goles en los quince partidos que jugó a domicilio en la Liga 1964-65. Los dos goles del equipo gallego, además, no sirvieron para puntuar: derrota en el Sánchez Pizjuán por 2-1 (marcó Montalvo) y derrota en La Romareda por 4-1 (marcó Pellicer). Los dos puntos obtenidos por el Deportivo a domicilio en la Liga 1964-65 fueron con sendos empates a cero (en Bilbao y en Oviedo) y, en cualquier caso, resultaron insuficientes para lograr la permanencia.

MENOS GOLES EN CONTRA EN CASA Y FUERA

El Madrid tiene las dos mejores marcas de goles en contra jugando como visitante en ligas de Primera. Apenas recibió nueve goles en las temporadas 1932-33 (en nueve partidos) y 1968-69 (en quince partidos). En la primera con Zamora de portero y en la segunda con Betancort. El Barça estuvo cerca de igualar el registro en 2014-15, pero finalmente recibió diez goles como visitante (en diecinueve partidos, con un histórico promedio de un gol en contra cada 171 minutos de juego).

Normal que Madrid y Barça posean los mejores registros de goles en contra como visitantes en una Liga. Menos normal es que sean Córdoba y Pontevedra los equipos menos goleados en casa en una Liga. Pero es así porque solo recibieron dos goles en quince partidos en su campo, el Córdoba en el viejo El Arcángel en 1964-65 (marcados por Di Stéfano y Ricardo Costa en propia puerta) y el Pontevedra en Pasarón en 1968-69 (marcados por Vavá II y Zaldúa).

DE DOCE GOLES A NOVENTA Y NUEVE

Pasarón, del Pontevedra del «hay que *roelo*», entrenado por Héctor Rial, es el estadio donde menos goles se vieron en una Liga de Primera. Solo se marcaron doce goles en la temporada 1968-69 (en quince partidos): diez a favor del Pontevedra y dos en contra. Seis partidos terminaron sin goles, cinco tuvieron el resultado de 1-0, más dos victorias visitantes por 0-1 (Elche y Barça) y las «goleadas» del Pontevedra en Pasarón en esa Liga fueron ante Valencia (2-0) y Las Palmas (3-0).

De 12 goles a 99, que es el descomunal número de goles que se marcaron en el Bernabéu en los diecinueve partidos disputados por el Madrid en la Liga 1989-90: 78 a favor y 21 en contra. No solo por goles, también por juego. Los socios del Madrid vieron compensado sobradamente el precio de su abono en aquella temporada inolvidable. Nunca se han marcado tantos goles en los partidos de un equipo en casa en una Liga de Primera.

El Madrid marcó siempre tres o más goles salvo ante Mallorca (1-1) y Sporting (2-0). Hubo, para mayor gloria de Hugo Sánchez, un partido con nueve goles (7-2 al Zaragoza), otro con ocho (6-2 al Valencia), cinco partidos con siete goles y hasta un sorprendente 3-3 con el C. D. Logroñés.

En definitiva, el Madrid de Toshack perdió en 2012 el récord goleador global en una Liga (el Madrid de Mourinho y el Barça de Guardiola superaron sus 107 goles), pero mantiene el récord de goles en casa (78) y el acumulado sumando los pros y los contras (99).

Ciento veintisiete goles en el Metropolitano

Tiene su explicación, pero el Bernabéu no es el estadio donde más goles se vieron en una Liga de primera. Cierto que en la temporada 1989-90 se marcaron 99 en feudo madridista, pero una circunstancia especial provocó que el récord de goles en un estadio resida en el Metropolitano desde la campaña 1946-47. Para eso tuvieron que unir fuerzas el Atlético de Madrid, inquilino habitual del recinto, y el Real Madrid, que se mudó a vivir temporalmente a casa de su vecino mientras demolían el antiguo campo de Chamartín y construían el que luego sería el Santiago Bernabéu.

En los trece partidos del Atlético como local en el Metropolitano se vieron 61 goles (37 a favor y 24 en contra). En los trece partidos del Madrid se registraron 63 goles (40 a favor y 23 en contra). Y encima esa Liga tuvo el estrambote de un aplazado Celta-Sabadell que se terminó jugando en el Metropolitano diez días después de disputarse la última jornada del torneo.

De esta manera, se vieron 127 goles en los 27 partidos de Liga disputados en el Metropolitano en la Liga 1946-47: 43 goles del Madrid, 39 del Atlético, 42 de los rivales de ambos equipos y 3 goles en el 2-1 del Celta-Sabadell.

Esa intensa temporada en el Metropolitano también pasó a la historia porque en el extraño derbi disputado en la última jornada entre dos equipos que habían compartido campo durante el campeonato, el Madrid, sin nada en juego, ganó por 2-3 y arrebató el título al vecino que generosamente le alquiló parte de su casa durante año y medio.

IMBATIDOS EN MÁS PARTIDOS

Granada y Pontevedra solo recibieron dos goles en casa en una Liga de Primera, pero es el Valladolid de la temporada 1987-88 el equipo que dejó su puerta a cero en más partidos, imbatido en catorce de los diecinueve partidos disputados en el nuevo José Zorrilla. Con Cantatore como entrenador, los porteros que protagonizaron este récord fueron Fenoy (imbatido en trece partidos en casa) y Wirth (imbatido en un partido).

Otros cuatro porteros, como Fenoy, lograron completar trece partidos sin recibir goles en casa en una Liga de Primera: Reina con el Córdoba en 1964-65, Cobos con el Pontevedra en 1968-69, Esteban con el Elche en 1973-74 y Toni con el Espanyol en 1994-95.

El récord de partidos sin recibir goles como visitante en una Liga de Primera solo tiene un nombre: Liaño. El portero del Deportivo dejó su puerta a cero en catorce encuentros a domicilio en su maravillosa temporada 1993-94.

CENTRAL PORTERO

Aprovechando que el Pisuerga pasa por Valladolid, es el momento de recordar el extraño debut del chileno Óscar Wirth en la Liga española. Fichado por el Valladolid en 1986 como portero, recomendado por Cantatore, fue suplente de Fenoy en las treinta y cuatro jornadas de la Liga regular de la temporada 1986-87. Para la segunda fase del torneo (única experiencia con *play-off* en la historia de Primera), los dieciocho equipos fueron divididos en tres grupos: los seis primeros lucharían por el título y las plazas europeas, los seis últimos pelearían por evitar las supuestas tres plazas de descenso (luego fue solo una) y los seis de en medio jugarían diez jornadas intrascendentes para completar la quiniela.

Ahí se quedó el Valladolid. En medio. Y en la primera jornada de la segunda fase, Azkargorta, entrenador que sabía que no iba a seguir en el club, hizo debutar a Wirth como central por las bajas de Hierro y Moreno. Lo hizo estupendamente y el Valladolid, jugando con dos porteros (Fenoy y

Wirth) ganó al Sevilla por 1-2. Wirth jugó otros diez partidos en la Liga española, todos como guardameta.

¡VAYA CUARENTA Y SEIS MINUTOS!

Un debut no menos extraño en la Liga española lo protagonizó otro portero del Valladolid, el argentino Orcellet, de nombre Catriel («cara cortada» en idioma mapuche). Llegó procedente de Nueva Chicago para disputar la temporada 2003-04. Fue suplente durante toda la Liga de su compatriota Bizzarri, que solo dejó jugar cuarenta y seis minutos a Orcellet (¡pero vaya cuarenta y seis minutos!).

Bizzarri fue expulsado ante el Racing en la sexta jornada justo antes del descanso después de cometer un penalti sobre Bodipo, que había marcado el primer gol del partido. Orcellet salió y lo primero que hizo fue parar un penalti a Javi Guerrero. Ya en la segunda parte, aún con 0-1, Orcellet volvió a parar otro penalti, ahora a Regueiro. Luego recibió tres goles y el Valladolid-Racing disputado el 5 de octubre de 2003 terminó 0-4.

Pero Orcellet aprovechó sus cuarenta y seis minutos en la Liga española para dejar huella (sigue siendo el único portero del Valladolid que ha parado dos penaltis en un partido de Primera).

GOLES EN TODAS LAS JORNADAS

Ocho equipos completaron una Liga de Primera marcando un gol como mínimo en todos los partidos. Tres lo consiguieron en ligas de dieciocho jornadas (más fácil): Real Unión y Athletic en 1929-30 y Barça en 1932-33. Dos equipos marcaron en todos los partidos en ligas de veintidós jornadas: Atlético de Madrid y Barça en 1940-41.

El asunto se fue complicando al crecer el número de equipos participantes, pero aún fueron capaces el Granada en 1942-43 y el Valencia en 1943-44 de marcar en todos los partidos en ligas de veintiséis jornadas.

A continuación ya fue imposible, ni en ligas de treinta jornadas, ni de treinta y cuatro, ni de cuarenta y cuatro, ni de cuarenta y dos, ni de treinta y ocho, hasta que el Barça hizo la machada en la temporada 2012-13. El equipo azulgrana marcó en los treinta y ocho partidos. En treinta y cuatro de ellos marcó más de un gol, pero el rival que más difícil se lo puso fue el Granada, en el Camp Nou, en la quinta jornada: el primer gol del Barça llegó en el minuto ochenta y seis (marcó Xavi).

GOLES EN TODAS LAS SALIDAS

El Barcelona es el único equipo que ha marcado en todos los partidos de una Liga de Primera como visitante en las seis últimas décadas. El Madrid lo consiguió en la temporada 1951-52 y tuvieron que pasar casi sesenta años para que otro equipo volviera a lograrlo.

El Madrid estuvo a punto de repetir en la Liga 1985-86, cuando marcó en todos los partidos menos en su visita al Camp Nou (2-0). También el Mallorca de Manzano y de Güiza en 2007-08, pero se quedó a cero en su visita a Heliópolis (3-0).

Todos fracasaron en el intento hasta que el Barça de Guardiola hizo pleno en 2010-11, marcando en sus diecinueve partidos a domicilio. En esa Liga dejó de marcar en dos encuentros en el Camp Nou, en el primero ante el Hércules (0-2) y en el último ante el Deportivo (0-0). El Barça, ya con Vilanova, hizo otro pleno en 2012-13.

GOLES EN CONTRA EN TODAS LAS JORNADAS

Siete equipos completaron una Liga de Primera recibiendo un gol como mínimo en todos los partidos. Cinco tuvieron esa desgracia en ligas cortas de dieciocho jornadas: Real Unión y Europa en 1928-29, Real Unión en 1930-31, Valencia en 1932-33 y Racing en 1933-34. El Nàstic de Tarragona no pudo dejar su puerta a cero en las veintiséis jornadas de la Liga 1949-50, con 99 goles en contra en total y dos goleadas de 10-1 ante Barça y Celta.

El último equipo que recibió goles en todos sus partidos de una Liga de Primera fue el Racing en 1954-55. Cuatro porteros (Zamoruca, Ortega, Urquiola y Ochoa) intentaron salir imbatidos con el equipo cántabro en esa temporada, pero no hubo manera. Desde entonces, y ya han pasado sesenta años, ningún equipo de Primera ha vuelto a recibir goles en todas las jornadas.

TRIPLE CORONA

El Barcelona es el único equipo de la Liga española que ha logrado la triple corona (Liga, Copa y Copa de Europa) en una temporada. Es más, es el único club que lo ha conseguido dos veces: primero en 2009 con Guardiola como entrenador y cinco años más tarde con Luis Enrique. Siete jugadores repitieron éxito: Xavi, Iniesta, Messi, Busquets, Dani Alves, Pedro y Piqué.

Seis clubes celebraron el soñado triplete en una ocasión: el Celtic de Stein en 1967, el Ajax de Kóvacs en 1972, el PSV de Hiddink en 1988, el Manchester United de Ferguson en 1999, el Inter de Mourinho en 2010 (con Eto'o, que un año antes también había hecho pleno con el Barça) y el Bayern de Heynckes en 2013.

De todos ellos, el Barcelona ha sido el único que, uniendo supercopas y Mundial, conquistó seis títulos en el mismo año, en el inolvidable 2009.

DOBLETE MÁS PRECIADO

El Barcelona, con la facilidad que tiene para completar temporadas redondas, también es el equipo que ha celebrado más veces el doblete más preciado. Siempre que ganó la Copa de Europa también ganó la Liga, así que el equipo azulgrana conquistó los dos títulos capitales en 1992, 2006, 2009, 2011 y 2015. El Ajax (1972, 1973 y 1995) y el Bayern (1974, 2001 y 2013) tienen en su palmarés tres dobletes de Liga y Copa de Europa.

Curiosamente, los dos equipos que más veces se coronaron en Europa apenas aderezaron el éxito en el torneo continental con el triunfo en el campeonato nacional. El Madrid solo ganó la Liga en dos de los diez años en los que ganó la Copa de Europa, en los ya muy lejanos 1957 y 1958. El Milán solo ganó la Liga en uno de los siete años en los que ganó la Copa de Europa, en 1994, con Capello al mando.

DOBLETE NACIONAL

El Barcelona, como no, también es líder en dobletes nacionales: Liga y Copa. Eso sí, ha tenido que esperar al arreón de los últimos años para superar al Athletic. El Barça logró sus primeros dobletes en 1952 y 1953, con los familiares Daučik y Kubala como líderes, uno fuera y otro dentro del campo. El equipo de 1952 fue conocido como el Barça de las Cinco Copas porque también levantó la Copa Latina (disputada por los campeones de Liga de España, Italia, Francia y Portugal), la Copa Eva Duarte (algo así como la Supercopa de España de los años cuarenta y cincuenta) y la Copa Martini&Rossi (algo así como el Gamper de aquellos años).

El Barcelona volvió a hacer doblete en 1959, con Helenio Herrera como entrenador. Casi tuvo que esperar cuarenta años para repetir, en 1998, con el controvertido Van Gaal. Y, con los atracones de 2009 y 2015, llegó a la cifra de seis, uno más que el Athletic, que cuando se pone, se pone. El equipo vasco ganó la Copa en cinco de los ocho años en los que ganó la Liga (1930, 1931, 1943, 1956 y 1984).

El Madrid, con la dificultad que tiene para completar temporadas redondas, solo ganó los dos títulos nacionales en 1962, 1975, 1980 y 1989. Para completar la serie de dieciséis dobletes de Liga y Copa conquistados en el fútbol español falta por reseñar el conseguido por el Atlético de Madrid en 1996.

DOBLETES MUNICIPALES

A los dieciséis dobletes de Liga y Copa conseguidos en el fútbol español por un mismo equipo se pueden añadir los nueve dobletes logrados por dos equipos de la misma ciudad. El primero fue para Barcelona gracias a la Copa ganada por el Espanyol en febrero de 1929 y a la Liga, la primera, conquistada por el Barça en junio de ese mismo año. La Ciudad Condal volvería a hacer doblete en 2006 con el mismo guion: Copa del Espanyol y Liga del Barça.

Sevilla fue la segunda ciudad que tuvo dos equipos campeones en la misma temporada. El Betis ganó su primer y único título de Liga en abril de 1935; el Sevilla respondió dos meses después con su primer título de Copa.

Sin embargo, como era de esperar, Madrid es la ciudad con más dobletes municipales. Real y Atlético unieron sus fuerzas para conquistar los dos trofeos nacionales en 1961, 1965, 1970, 1972, 1976 y 2014. Lástima que los dos principales clubes de la capital solo se hayan enfrentado en una Supercopa de España, torneo que se empezó a disputar en 1982.

Eso sí, la sucesión de éxitos de ambos equipos en los años sesenta y setenta, mientras el Barça vivía su peor época, provocaron coplillas como aquella que cantaron Los Refrescos en los años 80: «Podéis ganar la Liga, podéis ganar la Copa..., pero al llegar agosto, ¡vaya, vaya!, aquí no hay playa».

ANNUS HORRIBILIS

El fútbol sevillano vivió su gran año, *annus mirabilis*, en 1935, con el título de Liga del Betis y el título de Copa del Sevilla, pero también sufrió dos *annus horribilis* cuando ambos clubes bajaron de categoría, en 1968 y 2000.

Sevilla es la única ciudad con dos equipos descendidos a Segunda en el mismo año, y encima por repetido. Oviedo y Sporting, sin ser de la misma ciudad, pero sí de la misma provincia, dejaron a Asturias sin equipos en Primera al bajar de la mano en 1954 y 1976. Igual le sucedió a la provincia de Alicante al ocupar Alcoyano y Hércules los últimos puestos de la Liga de la temporada 1945-46.

Lo que jamás ha sucedido en la Liga española es que bajaran a Segunda en el mismo año tres equipos de la misma región o comunidad.

CLUBES DE PRIMERA DESAPARECIDOS

El Atlético de Tetuán, el único equipo del continente africano que ha jugado en la Primera División española, fue el primero de los doce equipos que desaparecieron después de militar en la máxima categoría.

El Atlético de Tetuán jugó en Primera en la temporada 1951-52 gracias a que entonces la ahora ciudad del norte de Marruecos era la capital del Protectorado Español. Poco después, al terminar la presencia española en Marruecos y limitarse a las plazas de soberanía de Ceuta y Melilla, el Atlético de Tetuán, cuando militaba en Segunda, se tuvo que trasladar de ciudad y fusionar en 1956 con la Sociedad Deportiva Ceuta, de Tercera. Desapareció el Atlético de Tetuán y nació el Atlético de Ceuta, que llegó a disputar una eliminatoria de promoción a Primera en 1961, que perdió contra el Elche. La bandera abandonada a la fuerza por el Atlético de Tetuán en su ciudad de origen sigue ondeando en la liga marroquí con el Mogreb Atlético de Tetuán.

La segunda sociedad que desapareció después de jugar en Primera fue el Club Deportivo Condal, que pudo subir a la máxima categoría en 1956 al renunciar a sus lazos con el Barcelona. Bajó al año siguiente y en 1970 se unió con el Atlético Cataluña para dar origen al Barcelona Atlético, filial del Barcelona, régimen que había tenido el Condal antes de subir a Primera bajo el nombre de España Industrial.

El Burgos Club de Fútbol y la Agrupación Deportiva Almería dejaron de existir en 1982 por problemas económicos. Diez años más tarde, y por la misma causa, cesó la actividad del Club Deportivo Málaga, la más importante de estas sociedades desaparecidas, que permaneció en Primera durante veinte años, aunque para ello tuviera que establecer los récords de ascensos a Primera y de descensos a Segunda. La supervivencia del Atlético Malagueño ayudó al rápido relevo. En 1994 surgió el Málaga CF, que ya ha pasado quince temporadas en Primera.

El Real Burgos echó el cierre en 1994 tocado por la maldición que parece acompañar a todos los equipos de élite que surgen de la capital castellana y que también afecta al nuevo Burgos C. F., que ahora milita en Segunda B. El Mérida Club Polideportivo tampoco pudo resistir la mala gestión de sus dirigentes y se extinguió en 2000. Su heredero, el Mérida Unión Deportiva, desapareció en 2013 y se constituyó el nuevo Mérida Asociación Deportiva, actualmente en Segunda B.

La Sociedad Deportiva Compostela se liquidó en 2004, aunque ahora existe un club con el mismo nombre que creó el ínclito José María Caneda, el presidente que encumbró al club en los años noventa y que posteriormente lo arruinó. En 2009 le tocó la china al Club Deportivo Logroñés, que militó nueve temporadas en Primera. Desde entonces, varios clubes se han disputado el cetro del fútbol de la capital riojana, con escaso éxito, aunque parece que ha cogido ventaja la Unión Deportiva Logroñés.

El siguiente en desaparecer, en 2010, fue el Club de Fútbol Extremadura, del que salió el Extremadura Unión Deportiva, aún en Tercera. En 2011, militando en Segunda B, llegó el turno de la Unió Esportiva Lleida, pero con una pirueta legal la ciudad mantuvo un club en la categoría bajo el nombre de Lleida Esportiu. La Unión Deportiva Salamanca (doce temporadas en Primera) no aguantó más y fue liquidada en 2013.

En definitiva, doce de los sesenta clubes que han militado en Primera ya no existen, y podrían ser más en un futuro cercano. El Xerez Club Deportivo, por ejemplo, agoniza desde 2013, mientras ya se ha creado el suplente Xerez Deportivo Fútbol Club.

Yo también te odié, Ricardo Daniel

por JOSEBA LARRAÑAGA

*R*econozco que aquel Mundial en el que marcaste el gol que os dio el título en un campeonato viciado por la contaminación de esos generales bigotudos y con gabardina oscura me conmovió a mí también. Aquella Argentina convulsa, que vivía el denominado «proceso» en el que la violación de los derechos humanos y el terrorismo de Estado eran nota predominante, necesitaba de vosotros para respirar un aire de ilusión por efímero que fuera. Y allí estabas junto al Matador sentenciando una final inolvidable ante la gran Holanda.

Jamás pensé que esa sensación de ternura se tornaría en una corriente de odio que tú protagonizaste por aquella prima que os dio el Real Madrid. La Real hizo algo que nadie podía imaginar, enfrentarse al todopoderoso Real Madrid hasta el punto de golearlo con saña en Atocha y discutirle el título hasta el último minuto, algo que no se le prestaba ni a la imaginación de la mente mas calenturienta de un anfetamínico. Pero sucedió y solo faltaba la puntilla.

Las jornadas pasaban y aquella quimera se mantenía e iba cogiendo visos de poder ser real. El empate le servía a la Real en Nervión, donde dejaste claras tus intenciones marcando el primero. Zamora empató y vuestra protesta fue tan furibunda que os quedasteis con nueve gracias, en buena medida, al gran Pablo Blanco, quien absorbido por la ira nos puso las cosas más fáciles. Pero no habías dicho la última palabra. Estabais con nueve y se la pediste con picardía a Gaztelu; te la dio y no dudaste, avanzaste, tiraste y Joshean Alkorta, maestro de periodistas, lo dijo en Radio Popular sin que el nudo en la garganta lo impidiera: «Gol del Sevilla, gol de Bertoni. El Sevilla gana con nueve».

«La Real mereció ser campeón», dijiste, pero tú no lo permitiste. «La incentivación es algo que cuenta siempre para el que juega», declaraste con el tiempo. Cinco millones de pesetas lo consiguieron.

Lágrimas de los jugadores, de los aficionados, de una provincia. Era la gran oportunidad de nuestras vidas y se fue. Nunca olvidaré la vuelta al campo que dieron los jugadores después de la última jornada en la que el milagro fue imposible. Aquellos perdedores se convirtieron en héroes perennes sin saber que un año después el fútbol (utilizando una estúpida frase muy recurrente) les devolvió lo que les había quitado.

Pensábamos que era el final de una gran historia y no fue más que el comienzo de la mejor etapa de la vida de la Real. El paso del tiempo hace olvidar los odios, lima las asperezas y te devuelve la ilusión perdida, pero, durante mucho tiempo, yo también te odié, Ricardo Daniel.

Preguntas de Equipos

1. ¿Cuál fue el primer visitante que ganó un partido de Liga en el campo del Real Madrid?

. . . .

2. ¿Cuál fue el primer visitante que ganó un partido de Liga en el campo del Barcelona?

. . . .

3. ¿En el campo de qué equipo celebró el Real Madrid su primer título de Liga?

. . . .

4. ¿Qué equipo impidió el ascenso del Deportivo a Primera en 1940?

. . . .

5. ¿Frente a qué equipo jugó el Barcelona una eliminatoria por la permanencia en 1942?

. . . .

6. ¿Qué tres equipos han militado siempre en Primera?

. . . .

7. ¿Qué equipo jugó y ganó la Liga en la última jornada de la temporada 1945-46 en el campo del Barcelona?

. . . .

8. ¿Qué equipo se jugó y ganó la Liga en la última jornada de la temporada 2013-14 en el campo del Barcelona?

. . . .

9. ¿Qué equipo catalán fue el primero que derrotó al Real Madrid en el nuevo Chamartín, en 1948?

. . . .

10. ¿Qué equipo recibió 134 goles en la Liga de Primera de la temporada 1950-51?

. . . .

11. ¿Qué equipo regresó a Primera en 2006 después de 56 años alejado de la máxima categoría?

. . . .

12. ¿Qué equipo regresó a Primera en 2014 después de 42 años alejado de la máxima categoría?

. . . .

13. ¿Qué equipo insular debutó en Primera en 1960?

. . . .

14. ¿Qué equipo que siempre había militado en Primera descendió a Segunda en 1962?

. . . .

15. ¿Qué equipo gallego descendió a Segunda en 1998 y nunca ha vuelto a Primera?

. . . .

16. ¿Ante qué equipo sufrió el Real Madrid su única derrota en la Liga 1968-69?

. . . .

17. ¿Qué equipo debutante en Primera recibió el sobrenombre de *matagigantes* en la temporada 1977-78?

. . . .

18. ¿Qué histórico equipo debutó en Primera División en el año 1978?

. . . .

19. ¿Qué equipo logró tres puntos en la primera vuelta de la temporada 1997-98?

. . . .

20. ¿Qué equipo logró dos puntos en la segunda vuelta de la temporada 2014-15?

. . . .

21. ¿Cuál es el mejor puesto alcanzado por el Valladolid al final de una Liga?

. . . .

22. ¿Cómo se llamaba el Mallorca antes de la Segunda República?

. . . .

23. ¿Qué equipo andaluz tuvo un filial en Segunda entre 2003 y 2006?

. . . .

24. ¿Cuál es el equipo con más moral que ha pasado por Primera?

. . . .

25. ¿A qué equipo había que «roelo» para ganarle en la década de los años 60?

. . . .

26. ¿Qué equipo ha militado más temporadas en Segunda?

. . . .

27. ¿Qué equipo ha sufrido más derrotas en Primera?

. . . .

28. ¿Qué equipo que militó 20 temporadas en Primera utiliza el nombre de un héroe mitológico?

. . . .

29. ¿Qué equipo con 50 temporadas en Primera lleva el nombre romano de un gran río español?

. . . .

30. ¿Qué siginifica Osasuna en castellano?

. . . .

31. ¿Qué equipo africano ha jugado en la Primera División española?

. . . .

32. ¿Qué equipo que militó cuatro temporadas en Primera utiliza el nombre de una ciudad celtíbera?

. . . .

33. ¿Cuál es el apellido del Albacete?

. . . .

34. ¿En qué equipos jugó Romário en la Liga española?

. . . .

35. ¿De qué equipo llegó Gento al Real Madrid?

. . . .

36. ¿Qué equipo ganó al Atlético de Madrid el día de su centenario?

. . . .

37. ¿Qué equipo ganó al Real Madrid el día de su centenario?

. . . .

38. ¿Qué equipo ganó al Barcelona el día que empezó a celebrar su centenario?

. . . .

39. ¿Quién es el máximo goleador en la historia del Valencia?

. . . .

40. ¿Quién es el máximo goleador en la historia del Betis?

. . . .

41. ¿Qué jugador ha disputado más partidos oficiales con el Atlético de Madrid?

. . . .

42. ¿Qué jugador ha disputado más partidos oficiales con el Deportivo?

. . . .

43. ¿En qué equipo debutó Fernando Hierro en Primera?

. . . .

44. ¿Cómo se llamó el Atlético de Madrid entre 1939 y 1946?

. . . .

45. ¿Cómo se llamó la Real Sociedad durante la II República?

. . . .

46. ¿Qué equipos se fusionaron en 1914 para dar origen al Real Betis Balompié?

. . . .

47. ¿Cómo se llamaba el equipo de Puertollano que militó 11 temporadas en Segunda?

. . . .

48. ¿Cuántos equipos se fusionaron en 1949 para dar origen a la Unión Deportiva Las Palmas?

. . . .

49. ¿Quién fue presidente del Deportivo entre 1988 y 2014?

. . . .

50. ¿Qué equipo arlequinado ha jugado en Primera?

. . . .

Respuestas de Equipos

1. Barcelona.
2. Real Madrid.
3. En el campo del Barcelona.
4. Celta.
5. Murcia.
6. Real Madrid, Barcelona y Athletic.
7. Sevilla.
8. Atlético de Madrid.
9. Nàstic de Tarragona.
10. Lleida
11. Nàstic de Tarragona.
12. Córdoba.
13. Mallorca.
14. Espanyol.
15. Compostela.
16. Elche.
17. Rayo Vallecano.
18. Recreativo de Huelva.
19. Sporting de Gijón.
20. Córdoba.
21. Cuarto.
22. Alfonso XIII.
23. Málaga CF.
24. Alcoyano.
25. Pontevedra.
26. Murcia.
27. Espanyol.
28. Hércules.
29. Betis.
30. Salud.
31. Atlético de Tetuán.
32. Numancia.
33. Balompié.
34. Barcelona y Valencia.
35. Racing de Santander.
36. Osasuna.
37. Deportivo.
38. Atlético de Madrid.
39. Mundo.
40. Rubén Castro.
41. Adelardo.
42. Fran.
43. Valladolid.
44. Atlético Aviación.
45. Donostia.
46. Real Betis y Sevilla Balompié.
47. Calvo Sotelo.
48. Cinco.
49. Augusto César Lendoiro.
50. Sabadell.

Diez pistas para encontrar un estadio

1. Zamora.

. . . .

2. Argelia.

. . . .

3. Hormiga.

. . . .

4. Santillana.

. . . .

5. 1920.

. . . .

6. Así, así así.

. . . .

7. 1944.

. . . .

8. 2-7.

. . . .

9. Brujo.

. . . .

10. Joaquín.

. . . .

Respuesta

*L*a respuesta es El Molinón, estadio construido en los terrenos que en el siglo XIX ocupaba una fábrica de harina llamada La Hormiga. El Sporting tiene su casa desde hace cien años en El Molinón, campo en el que Joaquín y Quini tienen los récords de partidos jugados y goles marcados. Allí se jugó una final de Copa, ganada por el Barça al Athletic en 1920, aunque hubo que esperar a 1944 para que se disputara el primer partido de Primera. La primera etapa del Sporting en la máxima categoría acabó en 1948 con una derrota por 2-7 ante el Atlético de Madrid (partido de Primera con más goles celebrado en Gijón). En El Molinón se vivieron grandes acontecimientos, coincidiendo con los mejores años del Sporting, como el partido ante el Madrid de 1979 con el título de Liga en juego que se resolvió con gol de Santillana. Unos meses más tarde, en la siguiente visita del equipo blanco, surgió en las gradas de El Molinón el «así, así, así gana el Madrid». La Real ganó su primera Liga en Gijón en 1981 gracias a un gol de Zamora en el último minuto. En 1982 se jugaron allí tres partidos del Mundial de España (el último fue el indecente Alemania-Austria que eliminó a Argelia)

JUGADORES

Más partidos de Liga

$\mathcal{A}$ndoni Zubizarreta es el jugador que ha disputado más partidos en Primera. El portero vitoriano llegó a la cifra difícilmente superable de 622 partidos: 169 con el Athletic, 301 en el Barcelona y 152 en el Valencia. Zubizarreta, entre su debut con diecinueve años en el Atlético-Athletic del 19 de septiembre de 1981, (primera jornada de la Liga 1981-82), y su despedida con treinta y seis años en el Tenerife-Valencia del 15 de mayo de 1998 (en la última jornada de la Liga 1997-98), solo dejó de jugar dieciocho partidos de Primera (1 con el Athletic, 9 con el Barça y 8 con el Valencia).

Zubizarreta se convirtió en el jugador con más partidos en Primera en el Atlético-Valencia del 27 de abril de 1996, cuando llegó a los 543 encuentros en el Vicente Calderón, en el mismo campo donde hizo su debut, y superó los 542 partidos del también portero Buyo. El guardameta vitoriano tuvo diez entrenadores en Primera: Clemente (156 partidos), Sáez (13), Venables (48), Luis (85), Cruyff (213), Rexach (6), Parreira (35), Rielo (4), Valdano (31) y Ranieri (31). Jugó partidos de Primera con 151 compañeros de equipo (209 de ellos junto a Julio Salinas). Se enfrentó en encuentros de Primera a 1.715 jugadores (29 de ellos ante Buyo) y a 158 entrenadores rivales (22 de ellos ante Díaz Novoa).

Más partidos oficiales

Zubizarreta también es el jugador que ha disputado más partidos oficiales en clubes de élite del fútbol español. Fueron 833 encuentros. Por clubes: 239 en el Athletic, 410 en el Barcelona y 184 en el Valencia. Por competiciones: 622 de Liga, 104 de

Copa, 8 de Copa de la Liga, 10 de Supercopa de España, 33 de Copa de Europa, 21 de Recopa, 30 de Copa de la UEFA, 4 de Supercopa de Europa y 1 de Copa Intercontinental. Por resultados: 444 victorias, 195 empates y 194 derrotas.

Zubizarreta, portero omnipresente en el fútbol español de los años 80 y 90, recibió 807 goles en sus 833 partidos de club: 220 en el Athletic, 369 en el Barcelona y 218 en el Valencia. Sacó provecho a tanto partido con quince títulos (cuatro con el Athletic y once con el Barça). Y no estuvo lejos, con los 126 que disputó con la selección española, de llegar a los mil partidos de máximo nivel.

MÁS PARTIDOS EN EL MISMO CLUB

Los cinco jugadores que han disputado más partidos en el mismo club en el fútbol español de élite son cinco: Xavi (767 con el Barcelona), Raúl (741 con el Madrid), Casillas (725 con el Madrid), Sanchís (710 con el Madrid) y Fran (687 con el Deportivo). Xavi abandonó el Barça en 2015 rumbo a Catar dejando en 476 el récord de victorias de un jugador en un club español. Porque en sus diecisiete años en el primer equipo azulgrana, alcanzó un promedio del 62% de triunfos, con 166 empates (22%) y 125 derrotas (16%).

Contando solo la Liga, Xavi es el cuarto jugador con más partidos de Primera disputados en un mismo equipo. Se quedó en 505 y no pudo alcanzar las cifras de los madridistas Raúl (550), Sanchís (523) y Casillas (510). El quinto es el sportinguista Joaquín (479).

MÁS PARTIDOS EN PRIMERA Y SEGUNDA

Zubizarreta dejó en enero de 2015 el cargo de director deportivo del Barcelona, que ahora ocupa el castellonense Roberto, que tiene el récord de partidos disputados sumando los jugados en Primera (439) y en Segunda (235). Total: 674.

Roberto debutó en el fútbol profesional con diecisiete años recién cumplidos, en un Castellón-Elche celebrado el 1 de septiembre de 1979. Se benefició de una norma implantada entonces que obligaba a los equipos de Segunda a alinear como titulares a dos futbolistas sub-20. La disposición federativa buscaba con buena intención rejuvenecer las envejecidas plantillas de los clubes de la división de plata, pero su imposición no gustó a los entrenadores. Algunos, por intereses deportivos y también como medida de protesta, cambiaban a los sub-20 ya en el primer minuto. No fue el caso de Roberto, que contó con la consideración de sus dos entrenadores en el Castellón, Paquito y Benito Joanet. Roberto fue uno de los pocos chavales que aprovecharon una norma que apenas se mantuvo en vigor un par de años. Para entonces, el centrocampista castellonense ya había fichado por el Valencia, eso sí, después de dejar al equipo de La Plana en Primera.

Roberto debutó en Primera con diecinueve años, en el Valencia-Betis del 25 de octubre de 1981. Se mantuvo en la máxima categoría durante catorce años seguidos (cuando el Valencia bajó a Segunda en 1986 fue traspasado al Barcelona; en 1990 volvió al equipo *che*). En 1995, ya pasada su época dorada y después de jugar veintinueve partidos con la selección española, fichó por el Villarreal, un modesto equipo de Segunda que se transformó en 1997 con el nuevo presidente Fernando Roig.

Roberto, al llegar a su nuevo club, coincidiendo con la novedosa asignación de dorsales a cada futbolista (hasta 1995 los titulares podían utilizar cualquier número, pero solo del uno al once), decidió ponerse Robert en la camiseta. Ya como Robert, volvió a jugar en Primera, con el Villarreal, en 1998-99. Y remató su carrera con dos temporadas de Segunda con el Córdoba, a punto de cumplir los treinta y nueve años. Con 439 partidos en Primera (258 en el Valencia, 144 en el Barcelona y 37 en el Villarreal) y 235 partidos en Segunda (63 en el Castellón, 105 en el Villarreal y 67 en el Córdoba).

DUELO DE PORTEROS

Dirimieron sus diferencias en el campo y en el vestuario. Zubizarreta y Buyo son los jugadores que más veces se han enfrentado en partidos de Primera y, como coetáneos y porteros de los mejores equipos de la época, fraguaron una intensa rivalidad.

Buyo debutó en Primera en 1980, con el Sevilla, y un mes más tarde ya fue convocado por Santamaría para la selección. Zubizarreta debutó en el Athletic en 1981, apadrinado por Javier Clemente. Tardó dos años en despejar dudas. La primera llamada de la selección para Zubizarreta coincidió con el primer partido de Buyo con España, en el famoso 12-1 a Malta del 21 de diciembre de 1983. Ambos seguían a la sombra del gran Arconada y los dos fueron convocados por Miguel Muñoz para la Eurocopa de 1984. Un año después, ante la decadencia de Arconada, Muñoz tuvo que decidir y se decantó por Zubizarreta.

En el verano de 1986 cambiaron de equipo, y para bien: Buyo fichó por el Real Madrid y Zubizarreta por el Barcelona. Como porteros de los dos grandes, la rivalidad entre ambos, antes latente, se hizo patente y caló en la opinión pública. Muñoz llevaba dos años sin contar con Buyo, pero no tuvo más remedio que volver a convocar al gallego, que al fin y al cabo era el portero del dominante Real Madrid.

Sin embargo, Buyo, a su pesar, no pasó de ser el eterno suplente de Zubizarreta en la selección. Luis Suárez relevó a Muñoz y se quitó el problema de encima: no convocó a Buyo en sus tres años como seleccionador. Los dos gallos no podían convivir en el mismo corral. Ambos volvieron a coincidir, a regañadientes, en la breve etapa de Vicente Miera. Con la llegada de Clemente se disiparon las dudas: Zubizarreta por encima de todos y Buyo fuera de cualquier combinación. En el saldo de los veintinueve partidos de Primera en los que se enfrentaron también ganó Zubizarreta, por poco: once victorias, ocho empates y diez derrotas de los equipos del portero vasco.

PLUSMARQUISTAS DE PARTIDOS EN PRIMERA

El primer jugador que llegó a los cien partidos en Primera (todos en la Real) fue el donostiarra Marculeta, en el Real Sociedad-Real Madrid jugado en Atocha el 21 de enero de 1934. Marculeta disputó consecutivamente las ochenta y nueve primeras jornadas de Liga, hasta que se perdió el encuentro ante el Arenas de la última jornada de la quinta edición del Campeonato, intrascendente para la Real. El centrocampista *txuriurdin*, traspasado al Atlético de Madrid en 1934, solo dejó de jugar cinco de las ciento cincuenta y dos jornadas de Liga jugadas antes de la guerra civil.

El récord de Marculeta (147 partidos en Primera) lo superó el vizcaíno Guillermo Gorostiza el 24 de noviembre de 1940, en Vigo, cuando ya militaba en el Valencia después de desvincularse del Athletic. Gorostiza fue el primer jugador que disputó 200 partidos en Primera (140 en el Athletic y 60 en el Valencia), en el Valencia-Barcelona jugado en Mestalla el 3 de octubre de 1943. Gorostiza, apodado «la Bala Roja», el mejor extremo izquierda de la época, llegó a disputar 256 partidos en Primera antes de, ya con treinta y siete años, continuar su brillante carrera en otras divisiones, en las filas del Barakaldo y del C. D. Logroñés.

La marca de Gorostiza la superó otro vizcaíno, Juan Antonio Ipiña, el 13 de abril de 1947, en un derbi madrileño disputado en el Metropolitano que le costó el título al equipo rojiblanco. Ipiña ya jugó en Primera antes de la guerra civil, en la Real y en el Atlético de Madrid. Luego fichó por el Madrid, club en el que colgó las botas en 1949, con treinta y seis años, cuando ya había participado en doscientos noventa partidos de Primera.

La marca de Ipiña la batió el también vizcaíno Panizo en el Athletic-Celta del 5 de octubre de 1952. Panizo, unos meses más tarde, se convirtió en el primer jugador que disputaba 300 partidos en Primera (todos en el Athletic), en el derbi jugado ante la Real en San Mamés el 1 de febrero de 1953. Panizo, con treinta y tres años, abandonó la Primera División, categoría en la que jugó 325 partidos, récord que para entonces ya había batido el donostiarra Epi (Epifanio Fernández Berridi). Epi pasó a liderar la lista al disputar el encuentro Las Palmas-Real Sociedad del 14 de noviembre de 1954. El delantero guipuzcoano, ya con treinta y seis años, se retiró al final de aquella temporada 1954-55 después de participar en 334 partidos en Primera (199 en el Valencia y 135 en la Real).

La plusmarca de Epi duró dos años. El vizcaíno Agustín, *Piru*, Gaínza se convirtió en el futbolista con más partidos jugados en Primera el 23 de diciembre de 1956, en el campo de San Juan de Pamplona. El gran Piru, en diecinueve temporadas en el Athletic, dejó sus mayores logros para la Copa. Sigue siendo el jugador con más finales ganadas (7), con más goles en un partido (8 al Celta en el 12-1 del 18 de mayo de 1947) y con más encuentros jugados en el torneo (99). Pero en la Liga, antes de su retirada con treinta y siete años, también dejó su huella en 380 partidos, uno menos que el portero donostiarra Ignacio Eizaguirre, que con treinta y ocho años adelantó a Gaínza por primera vez el 1 de febrero de 1959, en el Sporting-Osasuna de la vigésima jornada de la temporada 1958-59 celebrado en El Molinón. Eizaguirre jugó en tres equipos de Primera: Valencia (187 partidos), Real Sociedad (107) y Osasuna (87).

La marca de Eizaguirre (381) la batió otro portero. El vizcaíno Carmelo Cedrún llegó a ser el futbolista con más partidos en Primera el 9 de enero de 1966, con motivo del Espanyol-Elche disputado en Sarrià. También Carmelo fue el primer jugador que alcanzó los 400 partidos en Primera, en el Sabadell-Espanyol celebrado en la Creu Alta el 27 de noviembre de 1966. Carmelo se retiró al final de la temporada 1966-67, con 416 partidos en la máxima categoría (334 en el Athletic y 82 en el Espanyol).

El récord de Carmelo duró casi cuatro años, hasta que lo batió el cántabro Gento en el Madrid-Celta disputado en el Bernabéu el 29 de noviembre de 1969. Gento era el primer futbolista no vasco que accedía al primer puesto en la clasificación histórica de partidos jugados en Primera. Colgó las botas en 1971, con treinta y siete años, después de 437 encuentros en la máxima categoría (10 en el Racing y 427 en el Madrid) y miles de kilómetros corridos por la banda izquierda por esos campos de Dios en diecinueve temporadas al máximo nivel.

El 26 de noviembre de 1977 apareció un nuevo plusmarquista. Iribar, que fichó con 19 años por el Athletic en 1962 tras destacar en el Basconia, batió el récord de Gento en la visita de su equipo al estadio Colombino de Huelva en la undécima jornada de la Liga 1977-78. El portero guipuzcoano se retiró en 1980, con treinta y siete años, dejando la marca en 466 partidos. El también portero y guipuzcoano José Ramón Esnaola dejó atrás a Iribar con sus 469 encuentros en Primera (166 en la Real y 303 en el Betis). Adelantó a su paisano el 6 de abril de 1985, cuando era portero del equipo verdiblanco en Sarrià. Casi tres meses más tarde, terminó contrato con el Betis el día que cumplía treinta y nueve años y colgó los guantes.

La marca de Esnaola la rebasó Joaquín Alonso al jugar el Deportivo-Sporting del 15 de marzo de 1992, en la vigésimo sexta jornada de la Liga 1991-92. El centrocampista ovetense también se retiró al final de esa temporada. Disputó su último partido en Primera dos días antes de cumplir los treinta y seis años, dieciséis de ellos en la primera plantilla del Sporting.

El récord de Joaquín duró hasta que Buyo, como portero del Madrid, se enfrentó al Racing el 9 de octubre de 1994. El portero coruñés debutó en el Deportivo con dieciocho años, pero, con el equipo gallego en Segunda, Buyo necesitó fichar por el Sevilla en 1980 para jugar en Primera. Fue el primer jugador que disputó 500 partidos en la máxima categoría, en el Real Madrid-Espanyol jugado en el Santiago Bernabéu el 19 de marzo de 1995. Se retiró en 1997, con treinta y ocho años, aunque no jugó en su última temporada, como tercer portero del Madrid, relegado a la suplencia por Illgner y Cañizares. El último de sus 542 partidos en Primera (199 en el Sevilla y 343 en el Madrid) fue ante el Albacete en el Bernabéu el 16 de marzo de 1996. Un mes más tarde cedió el récord a Zubizarreta, que es el único futbolista que disputó 600 partidos en Primera. El guardameta alavés llegó a esa cifra con treinta y seis años en el Valencia-Betis jugado en Mestalla el 16 de noviembre de 1997.

Recopilando, podemos decir que trece jugadores (seis de ellos porteros) han sido plusmarquistas de partidos en Primera: diez vascos (Marculeta, Gorostiza, Ipiña, Epi, Gaínza, Eizaguirre, Carmelo, Iribar, Esnaola y Zubizarreta), un cántabro (Gento), un asturiano (Joaquín) y un gallego (Buyo). En esta relación no aparece Raúl, que dejó el Madrid para fichar por el Schalke en 2010 después de convertirse en el segundo jugador con más partidos disputados en Primera (550). Eso sí, Raúl fue el jugador que llegó más joven a 100 partidos en Primera (19 años y 284 días en 1997), a 200 (22 años y 204 días en 2000), a 300 (25 años y 198 días en 2003), a 400 (28 años y 250 días en 2006) y a 500 (31 años y 198 días en 2009).

Extranjeros con más partidos

El extranjero que más encuentros ha jugado en Primera sigue

siendo el brasileño Donato, que llegó en 1988 al Atlético de Madrid con veinticinco años y que se retiró con cuarenta en el Deportivo, club en el que militó diez temporadas. Donato alcanzó los 466 partidos en Primera. Se nacionalizó español y fue internacional en doce ocasiones con la selección, entre 1994 y 1996.

El segundo extranjero con más partidos disputados en Primera también es brasileño, nacionalizado y quiso jugar con España: Dani Alves, que, en una de sus habituales excentricidades, hasta se tiñó el pelo de color rojigualdo en noviembre de 2005. Dani Alves, finalmente, no pudo jugar con España porque lo impedía la reglamentación que regía en la FIFA en aquel momento. El entonces lateral del Sevilla había participado en un Mundial sub-20 con Brasil, y eso le vinculaba con la selección *canarinha* para siempre.

Dani Alves va por detrás de Donato por su número de partidos en Primera, pero ya superó al exjugador del Deportivo por su número de partidos oficiales. Dani Alves, sumando sus encuentros con el Sevilla y con el Barça, es el primer extranjero que disputa más de seiscientos partidos con clubes de élite del fútbol español.

El podio de extranjeros con más partidos en Primera está ocupado por Karpin, ruso nacido en Estonia, que llegó a 384 militando en la Real Sociedad, Valencia y Celta. Es el primer europeo no español de la lista.

SESENTA Y CUATRO ELEGIDOS

Hasta la fecha, sesenta y cuatro jugadores han disputado 400 partidos en la historia de Primera. Los últimos en llegar a esa cifra han sido Puñal (24 de septiembre de 2013), Iraola (21 de marzo de 2015), Lopo (22 de agosto de 2015), Joaquín (4 de octubre de 2015) y Dani Alves (31 de octubre de 2015). Las provincias con más jugadores en esta selecta lista son Guipúzcoa (11) y Madrid (6). Los únicos extranjeros son los brasileños Donato y Dani Alves.

El número de futbolistas que han disputado cuatrocientos partidos de Primera en el mismo equipo es de veinticinco: nueve del Real Madrid, cinco de la Real Sociedad, cuatro del

Athletic, dos del Sporting, Adelardo (Atlético), Fernando (Valencia), Fran (Deportivo), Xavi (Barcelona) y Puñal (Osasuna).

Solo ocho jugadores españoles con cuatrocientos partidos en Primera no fueron internacionales absolutos con la selección: Loren (482), Esnaola (469), Fuentes (439), Lumbreras (424), Puñal (420), Pablo Alfaro (418), Lopo (403) y Marcos Martín (402).

VEINTE LIGAS DE PRIMERA

El lateral izquierdo Miquel Soler es el único jugador que ha disputado partidos de veinte Ligas de Primera distintas. Todas seguidas: desde 1983 a 2003, desde la primera jornada de la Liga 1983-84 hasta la última jornada de la Liga 2002-03. Cinco con el Espanyol, cuatro con el Barcelona, una con el Atlético de Madrid, dos con el Sevilla, una con el Real Madrid, dos con el Zaragoza y cinco con el Mallorca. Jugó, en total, 504 partidos en Primera. Marcó doce goles (cuatro de ellos en el Espanyol, en sus primeros años, cuando jugaba más adelantado, casi de extremo izquierdo) repartidos entre sus siete clubes. No sufrió descensos en sus veinte años en Primera, fue campeón con el Barcelona en 1991 y 1993, y líder con todos sus equipos excepto con el Zaragoza.

El guardameta César Sánchez, que defendió la portería de Valladolid, Real Madrid, Zaragoza, Valencia y Villarreal, también pudo disputar partidos de veinte ligas de Primera, pero no igualó el récord de Soler porque en la temporada 2002-03 no jugó ninguno de los treinta y ocho encuentros del Real Madrid (todos fueron para Casillas).

Los extranjeros que han participado en más Ligas de Primera son Donato (15), Duda (14) y Dani Alves (14).

MÁS DE VEINTE AÑOS

Casi pasaron veinte años entre el primer y el último partido de Miguel Soler en Primera. Del 3 de septiembre de 1983 al 21 de junio de 2003. Pero en eso le gana Ángel Zubieta. Entre el primer y último partido del centrocampista defensivo de Galdácano pasaron veinte años y ochenta y siete días. Debutó en Primera con el Athletic el 10 de noviembre de 1935, en la primera jornada de la Liga 1935-36, con diecisiete años, y no lo hizo de forma testimonial. Fue titular indiscutible en un equipo que ganó la última Liga anterior a la guerra civil. Su aparición fue tan fulgurante que el 26 de abril de 1936, en Praga, ya se convirtió en internacional (jamás, desde entonces, ha vuelto a jugar con la selección española un futbolista de diecisiete años).

Durante la guerra civil, Ángel Zubieta formó parte de la selección de Euskadi en gira primero por Europa y luego por América. Según estaban las cosas en España, Zubieta aceptó una oferta de San Lorenzo de Almagro. En Argentina hizo carrera. Ya era capitán del equipo de Boedo cuando San Lorenzo ganó la Liga en 1946 y, como campeón, hizo una histórica gira por España mediada la temporada 1946-47 en la que maravilló por su juego combinativo. Zubieta se marchó de San Lorenzo siendo el jugador con más partidos disputados en la historia del club (378).

Volvió a España con treinta y cuatro años y se enroló en las filas del Deportivo. En el club coruñés jugó su último partido el 5 de febrero de 1956 (veinte años y ochenta y siete días después de su primer partido en Primera) y antes de acabar ese mes fue nombrado entrenador del equipo.

NOVENTA Y OCHO AÑOS CUMPLIDOS

Un hermano de Zubieta también hizo historia en el fútbol español. Santiago Zubieta fue el jugador, entre los que disputaron la primera jornada de la primera Liga de Primera, que falleció más tarde. Santi Zubieta fichó por el Racing de Santander en verano de 1927, con diecisiete años. Un año después se ganó, junto con sus compañeros y con el entrenador O'Connell, el derecho de jugar, en la máxima categoría, la primera edición del campeonato liguero. Formó en el equipo titular del Racing que se enfrentó al Barcelona en la primera jornada, el 12 de febrero de 1929.

En 1934 cambió de aires y se marchó al Valencia. Luego estalló la guerra y ya no volvió a jugar en Primera. Se afincó en Madrid y se vinculó al Ejército del Aire. Falleció con noventa y ocho años, el 3 de septiembre de 2007, en el hospital militar Gómez Ulla. Entonces murió el último de los pioneros que disputaron la primera jornada de la primera Liga de Primera.

CHAQUETERO

Aranda solo necesitó 169 partidos (solo 31 completos) para ser el único futbolista que ha jugado en Primera con ocho equipos. El delantero malagueño disputó 8 partidos de Primera en el Villarreal, 25 en el Albacete, 16 en el Sevilla, 20 en el Numancia, 49 en Osasuna, 10 en el Levante, 24 en el Zaragoza y 17 en el Granada. Cuando debutó en el Granada, ante el Rayo, el 19 de enero de 2013, se distinguió del grupo de futbolistas que jugaron en siete equipos de Primera: Elzo, Miguel Soler, Carreras y Arizmendi. Y cuando logró su único gol con el Granada, ante el Betis, el 5 de abril de 2013, Aranda se unió a Soler para ser los dos jugadores que han marcado en siete equipos de Primera (a seis llegaron Julio Salinas, Salva y Arizmendi).

Aranda marcó 27 goles en Primera: 1 en el Villarreal, 8 en el Albacete, 1 en el Sevilla, 6 en el Numancia, 8 en Osasuna, 2 en el Zaragoza y 1 en el Granada (se quedó sin marcar en el Levante). Aranda, formado en la cantera del Real Madrid, no llegó a debutar con el equipo blanco en la Liga, pero disputó dos partidos de Copa de Europa, uno en la temporada 1999-2000 y otro en la 2001-02, por lo que se puede decir que ha conquistado dos veces la Copa de Europa.

SIN PARAR

Juan Antonio Larrañaga, guipuzcoano de Azpeitia, que desarrolló, entre 1980 y 1994, toda su carrera profesional en la Real Sociedad, es el futbolista que ha disputado más partidos de Primera seguidos. Larrañaga apareció en las alineaciones de 202 jornadas consecutivas, entre el 21 de junio de 1987 (partido Real Sociedad-Sevilla de la última jornada de la Liga 1986-87) y el 22 de noviembre de 1992 (partido Oviedo-Real Sociedad de la undécima jornada de la Liga 1992-93).

Su racha se detuvo el 29 de noviembre de 1992. No jugó

ante el Rayo en Atocha por decisión técnica de Toshack, el mismo entrenador con el que inició sesenta y cinco meses antes su impresionante serie de partidos en Primera. Toshack, después de un inicio de Liga con malos resultados, decidió prescindir de Larrañaga, ya con treinta y cuatro años, para dar la alternativa a Pikabea. La prueba salió bien y, una vez enderezado el rumbo del equipo, volvió a contar con el jugador de Azpeitia. Larrañaga jugó 34 de los 38 partidos de Liga de la Real en la Liga 1992-93. En la siguiente «solo» jugó 27 y optó por anunciar su retirada, con casi treinta y seis años, dejando un récord galáctico.

Larrañaga, en su racha de 202 jornadas disputó 192 partidos seguidos como titular, 151 completos. Solo se perdió treinta minutos de la Liga 1987-88 y cuarenta y cinco de la Liga 1988-89. Jugó todos los minutos de las Ligas 1989-90, 1990-91 y 1991-92. Larrañaga tuvo tres entrenadores en sus 202 partidos de Primera seguidos: Toshack (118), Boronat (64) y Expósito (20).

En esta historia no podemos olvidar que Zubizarreta no tiene el récord de Larrañaga por culpa de la huelga de los futbolistas profesionales en la segunda jornada de la temporada 1984-85. El portero vitoriano jugó todos los partidos de Liga menos ese Sevilla-Athletic desde el 19 de septiembre de 1981 hasta el 10 de junio de 1989. Podría haber jugado 288 encuentros de Primera de forma consecutiva, pero su mejor registro, por esa huelga, se quedó en 184.

CASADOS

Larrañaga también es protagonista de un curioso récord, en este caso compartido, porque forma con Górriz la pareja que ha disputado más partidos de Primera. Ambos guipuzcoanos, coetáneos (nacieron en 1958: Górriz en febrero y Larrañaga en julio) y futbolistas de un solo club profesional (Real Sociedad).

Górriz debutó en Primera el 8 de abril de 1979, con una victoria en Vallecas por 0-4. Larrañaga debutó el 21 de diciembre de 1980, con un 0-0 en Sarrià. Górriz jugó su último partido en Primera el 13 de junio de 1993, con un 3-1 al Tenerife en el último encuentro oficial disputado en el inolvidable campo de Atocha. Larrañaga se despidió el 15 de mayo de 1994 con un 1-1 en Albacete.

Entre el primer partido de Larrañaga y el último de Górriz, ambos jugadores coincidieron en 406 encuentros de Primera y batieron el registro que dos años antes habían dejado en 394 los sportinguistas Joaquín y Jiménez. Por cierto, la Real, en esos 406 partidos de Liga que jugaron juntos Górriz y Larrañaga, cosechó 176 victorias, 115 empates y 115 derrotas. No está mal.

QUINI-KODRO-MESSIDEPENDENCIA

Tres jugadores marcaron nueve goles seguidos de sus equipos en partidos de Primera. El primero fue Quini que, en la Liga 1978-79, logró los tres últimos goles del Sporting ante el Athletic el 17 de diciembre de 1978 (4-3), los dos goles del equipo asturiano en Burgos (0-2) en la siguiente jornada (la decimocuarta), los dos goles ante el Recreativo en El Molinón (2-0) en la decimoquinta jornada, el gol del Sporting en Balaídos (1-1) en la decimosexta jornada y el primero ante el Hércules en Gijón (2-0) el 21 de enero de 1979 (el segundo fue del argentino Enzo Ferrero y el Sporting dejó de depender exclusivamente de Quini para marcar).

El segundo jugador que marcó nueve goles seguidos de un equipo de Primera fue Kodro. El delantero bosnio, después del tanto de Luis Pérez al Real Madrid el 19 de diciembre de 1993, marcó los nueve goles conseguidos por la Real Sociedad hasta el 13 de marzo de 1994, cuando el central Albistegi inauguró el marcador ante el Tenerife en Anoeta.

Y luego llegó Messi, que explotó definitivamente su faceta de supergoleador con una racha histórica en los últimos días del invierno de 2010. Messi marcó el segundo gol del Barcelona al Málaga el 27 de febrero (2-1), los dos goles en Almería (2-2), los tres goles ante el Valencia (3-0) y los tres primeros en Zaragoza (2-4), en un partido disputado en La Romareda el 21 de marzo de 2010, con una actuación memorable del astro argentino, que terminó cediendo a Ibrahimović el lanzamiento de un penalti en el último minuto después de un jugadón del propio Messi. Ese penalti transformado por Ibrahimović impidió que Messi se convirtiera en el primer jugador con diez goles seguidos de un equipo de Primera.

CLUBES DEPENDIENTES

Kodro también está en la selecta lista de los diez jugadores que han marcado más de la mitad de los goles de su equipo en una Liga de Primera. El delantero bosnio marcó 23 de los 39 goles de la Real Sociedad en la Liga de la temporada 1993-94. Es decir, el 59% de los goles del equipo donostiarra fueron de Kodro. No llegó por poco a la machada de Marañón, que marcó el 60% de los goles del Espanyol en la Liga 1979-80: 17 de 28.

Quini es el único jugador que ha marcado más de la mitad de los goles de su equipo en dos ligas de Primera: 21 de 41 en 1975-76, y 24 de 47 en 1979-80, en ambos casos en las filas del Sporting. El último en incorporarse a la lista, en la última Liga del siglo XX, fue Salva, autor de 27 de los 52 goles del Racing en la temporada 1999-2000. El primero en marcar más de la mitad de los goles de su equipo en una Liga de Primera, único antes de la guerra civil, fue Isidro Lángara en el Oviedo (26 goles de 51 en 1933-34).

Los otros cinco fueron Basilio (22 de 41 del Castellón en 1942-43), Marianín (19 de 33 del Oviedo en 1972-73), Kempes (28 de 54 del Valencia en 1977-78), Baltazar (35 de 69 del Atlético de Madrid en 1988-89) y Polster (33 de 64 del Sevilla en 1989-90).

PRUDEN DA ALAS

El campeón de Liga que dependió más de los goles de un jugador para alcanzar el título fue el Atlético de Madrid en la temporada 1940-41. Prudencio Sánchez Fernández, conocido futbolísticamente como Pruden, marcó 33 de los 70 goles del equipo rojiblanco (47%).

Pruden, nacido en Babilafuente, un pequeño pueblo salmantino cercano a la capital de la provincia, debutó en Primera a lo grande. Llegó en 1940 al Atlético (entonces Aviación) procedente de la Unión Deportiva Salamanca y dejó su impronta desde el principio. Marcó en las siete primeras jornadas, doce goles en total, para firmar el mejor debut goleador en la historia de Primera.

Se quedó a cero en la visita del Atlético al campo alicantino de Bardin (3-3 con el Hércules), en la octava jornada, pero marcó en los ocho siguientes partidos (otros catorce goles). Para entonces el equipo rojiblanco ya era líder del torneo, gracias a los veintiséis goles conseguidos por Pruden en las dieciséis primeras jornadas.

El Atlético empató luego con el Valencia (2-2) en Vallecas, sin goles de su ariete, que tuvo que marcar siete goles en los cuatro partidos anteriores a la última jornada para mantener las opciones de su equipo en la lucha por el título. El Atlético, que dependía de sí mismo, se acabó proclamando campeón después de ganar al Oviedo por 3-0 en la vigésimo segunda y última jornada. Pruden no marcó en la última jornada, pero ya había hecho bastante: treinta y tres goles en la Liga de su debut en Primera, en la que solo dejó de anotar en tres partidos, todo eso siendo *amateur*.

El ariete salmantino no llegó a un acuerdo para firmar con el Atlético en verano de 1941 su primer contrato como futbolista profesional. Había sufrido una rotura de peroné y se dudaba de su plena recuperación. Pruden regresó a su tierra y se hizo profesional con el Salamanca para jugar en Segunda a cambio de cincuenta mil pesetas y compaginar el fútbol con los estudios de Medicina. El Atlético tardó nueve años en ganar otro título. En 1943, Pruden fichó por el Real Madrid y, aunque manteniendo un buen nivel, nunca alcanzó la excelencia de su único año como rojiblanco. Se retiró en 1953 y pasó a formar parte de los servicios médicos del equipo blanco.

FENÓMENO RONALDO

Tuvieron que pasar más de cincuenta años para que un jugador batiera el récord goleador de un debutante en Primera. Y tuvo que ser un fenómeno. El brasileño Ronaldo marcó treinta y cuatro goles con el Barcelona en la Liga 1996-97 y superó los treinta y tres conseguidos por Pruden con el Atlético en la Liga 1940-41. Ronaldo, para batir el récord, aprovechó un torneo de veinte jornadas más, aunque se tuviera que perder las tres últimas por coincidir la recta final del campeonato español con el comienzo de la Copa América (el Barcelona enterró sus opciones de ganar el título nada más irse Ronaldo con su selección, al sufrir una sorprendente derrota en Alicante contra un Hércules ya descendido, pero motivado por una suculenta prima del Real Madrid).

El fenómeno brasileño llegó a los treinta y cuatro goles en esa Liga marcando en el último minuto el gol de la victoria del Barcelona en el Camp Nou ante el Deportivo (1-0) el 24 de mayo de 1997. Fue el gol que necesitaba para batir el récord de Pruden y para convertirse en el primer jugador que marcaba en diez jornadas seguidas en una Liga de Primera. Ya no volvió a jugar más con el Barcelona. Después de ganar la Copa América en Bolivia fue traspasado al Inter de Milán por unos cuatro mil millones de pesetas (mil quinientos más que los recibidos un año antes por el PSV).

MESSI DESCOMUNAL

Messi se lio la manta a la cabeza en el transcurso de la temporada 2012-13 y se empeñó en batir el récord de jornadas consecutivas marcando gol en una Liga de Primera. El récord estaba, desde 1997, en poder del brasileño y entonces también barcelonista Ronaldo. Messi, después de quedarse a cero con el Celta en el Camp Nou el 3 de noviembre de 2012, no paró de marcar en todos los partidos de Liga que disputó su equipo hasta que una lesión sufrida en París le impidió jugar ante el Mallorca el 6 de abril de 2013.

Messi marcó en diecinueve jornadas seguidas ante los diecinueve rivales ligueros del Barcelona. La impresionante e histórica racha empezó con seis dobletes seguidos, ante Mallorca, Zaragoza, Levante, Athletic, Betis y Atlético. Consiguió un gol en cada una de las cuatro siguientes jornadas, ante Valladolid, Espanyol, Málaga y Real Sociedad. El 27 de enero de 2013 logró cuatro goles ante Osasuna en el Camp Nou para celebrar que se convertía en el primer jugador que marcaba en once jornadas seguidas de Primera. Pero no paró. Siguió marcando a todos los equipos que se ponían por delante: Valencia, Getafe, Granada (dos goles), Sevilla, Madrid,

Deportivo, Rayo (dos goles) y Celta. Casi nada. Goles en diecinueve jornadas seguidas, casi doblando el récord anterior, con un póker y ocho dobletes.

Una vez recuperado de la lesión que le impidió jugar tres jornadas de Liga seguidas, aún renqueante por forzar en las eliminatorias europeas ante PSG y Bayern, Messi volvió a marcar, siendo suplente, en sus siguientes partidos de Liga, contra Athletic (un gol) y Betis (dos), hasta que dijo basta el 12 de mayo de 2013, en el Calderón, ya con el Barcelona como campeón. Y dijo basta porque, lógicamente, el partido en el que se quedara en blanco tenía que llegar algún día y porque estaba tan lastimado que se tuvo que retirar lesionado cuando faltaban veintisiete minutos; de hecho, dejó a su equipo con uno menos.

GOROSTIZA E IRARAGORRI A RACHAS

La única pareja que marcó en cinco jornadas de Primera seguidas fue la formada por Gorostiza e Iraragorri. Ambos jugadores, en su segunda temporada en la máxima categoría, marcaron a la vez con el Athletic entre la sexta y la décima jornada de la Liga 1930-31. Gorostiza e Iraragorri marcaron el primer y último gol, respectivamente, en el 5-2 del Athletic al Arenas del 11 de enero de 1931. Luego volvieron a unir sus fuerzas en el histórico 0-6 ante el Madrid en el viejo Chamartín (un gol de Gorostiza y dos de Iraragorri). Otra goleada (5-1 al Espanyol) sirvió para que ambos delanteros siguieran en racha (dos goles de Iraragorri y uno de Gorostiza). La visita a Irún se saldó con triunfo del Athletic por 2-3 con dos goles de Gorostiza y uno de Iraragorri. Y la curiosa sucesión de goles de la pareja terminó con un gol de cada uno en el fabuloso 12-1 al Barça del 8 de marzo de 1931, aunque en ese partido tuvieron que compartir protagonismo con Bata, autor de siete dianas. Una semana después, en Atocha, la Real frenó la racha del Athletic, de Gorostiza e Iraragorri, pues ganó el derbi por 1-0.

DOBLETES Y TRIPLETES SEGUIDOS

Zarra es el jugador que ha marcado dos goles, por lo menos,

en más jornadas seguidas de Primera. El ariete del Athletic, entre la undécima y decimoséptima jornada, enlazó siete partidos de Liga en la temporada 1946-47 que le encumbraron definitivamente como el mejor rematador del fútbol español de la época: dos goles al Oviedo, dos al Murcia, tres al Deportivo, dos al Espanyol, cinco al Castellón, dos al Real Madrid y cuatro al Sporting. La racha se quebró al quedarse a cero en la visita del Athletic a Sabadell para jugar en la Creu Alta el 2 de febrero de 1947.

Doce años antes, el mejor ariete del fútbol español de la preguerra, titular de la selección en el Mundial de 1934, dejó un récord que ni siquiera Messi o Cristiano Ronaldo, con sus reiteradas exhibiciones modernas, han podido superar. Ni igualar. Se trata del pasaitarra Isidro Lángara, que sigue siendo el único jugador que ha conseguido tres goles o más en tres jornadas de Primera seguidas.

El ariete del Oviedo marcó tres goles al Atlético de Madrid en el Metropolitano el 27 de enero de 1935 (el partido quedó 3-3 con otros tres goles del navarro Elícegui). Siete días después marcó otros tres goles (y falló un penalti) en Mestalla para la victoria del equipo asturiano por 0-4. De vuelta a Buenavista, Lángara no tuvo piedad del Espanyol, al que marcó cuatro goles (y falló un penalti) en el 8-3 del 10 de febrero de 1935.

DOBLETES, TRIPLETES, PÓKERS Y REPÓKERS

Messi (84) ya es, desde la Liga 2014-15 el jugador que ha marcado dos goles como mínimo en más partidos de Primera. Superó la marca dejada hace seis décadas por Zarra (76). Messi, además, fijó en 2012-13 el récord de dobletes en una Liga de Primera (16).

El jugador que ha marcado tres goles como mínimo en más partidos de Primera es Cristiano Ronaldo (28), por delante de Messi (24). Ambos batieron en el transcurso de la Liga 2014-15 la marca de veintidós compartida por Zarra y Di Stéfano. Messi fue en 2011-12 el primer jugador que logró ocho tripletes en una Liga de Primera; Cristiano Ronaldo igualó al argentino en 2014-15.

Zarra sigue siendo el jugador que ha marcado cuatro goles como mínimo en más partidos de Primera (ocho), por delante de César (seis: uno con el Granada y cinco con el Barcelona). El ariete cántabro Sañudo es el único jugador que ha marcado cuatro goles en tres partidos de una Liga de Primera. Consiguió la hazaña con el Real Madrid de la temporada 1934-35, en tres partidos disputados en el viejo campo de Chamartín ante Espanyol, Barcelona y Arenas.

Zarra también continúa siendo el jugador que ha marcado cinco goles como mínimo en más partidos de Primera (cuatro, todos en el viejo San Mamés). El ariete del Athletic marcó cinco goles al Oviedo en 1942-43 y al Castellón en 1946-47. Y en la temporada 1950-51 amplió la cuenta marcando seis goles en un partido al Lleida y cinco a la Real Sociedad.

Tres futbolistas anotaron cinco goles en partidos de Primera como visitantes: el barcelonés Merodio con el Athletic a Osasuna en 1959, el croata Peternac con el Valladolid al Oviedo en 1996 y Cristiano Ronaldo con el Madrid al Espanyol en 2015. El delantero portugués es el primer jugador que marca cinco goles en dos partidos de Primera en el mismo año: al Granada en abril de 2015 y al Espanyol en el mes de septiembre.

ENSAÑAMIENTO

Gorostiza fue azote culé durante sus veinte años como futbolista profesional. El extremo izquierdo de Santurce es el jugador que más goles ha marcado a un equipo en la historia de Primera. Gorostiza se cebó con el Barça: 24 goles en 24 partidos de Liga.

Marcó en su primera cita ante el equipo azulgrana: 1-1 en el campo de Les Corts el 12 de enero de 1930. Es más, Gorostiza marcó en sus seis primeros partidos de Liga ante el Barcelona. También marcó en el último, otra vez en Les Corts, el 10 de febrero de 1946, para dejar constancia de un ensañamiento histórico. Gorostiza, ante el Barcelona, logró cinco dobletes y un triplete (en San Mamés el 24 de diciembre de 1933). Marcó 14 goles en 14 partidos de Liga ante el equipo azulgrana siendo jugador del Athletic. Más 10 goles en 10 partidos siendo jugador del Valencia. Y no perdió la oportunidad de seguir azotando al Barcelona en Copa, con otros 4 goles, que, unidos a los 24 en Liga, elevan la cifra al impresionante guarismo de 28 goles.

Gorostiza no llegó a tanto con el Madrid, pero sus 18 goles al equipo blanco (16 en Liga y 2 en Copa) también son una cifra considerable. Evidentemente, nadie por entonces acusaba al extremo izquierda de Santurce de esconderse en los grandes partidos.

FIJACIÓN

No hay duelo más directo en un partido de fútbol que el mantenido por un rematador y el portero del equipo rival. Tres jugadores marcaron dieciséis goles al mismo portero en la historia de Primera. Los contemporáneos César y Zarra, ambos desde 1942 y hasta 1953, batieron en dieciséis ocasiones a Ignacio Eizaguirre. César necesitó diecinueve partidos de Liga para marcar dieciséis goles al guardameta donostiarra. Zarra necesitó veinte partidos.

Ahora, ya en el siglo XXI, Messi solo ha tenido que jugar doce partidos para marcar dieciséis goles a Diego Alves. El portero brasileño evitó los goles de Messi en sus tres primeros duelos ante el crac argentino, pero, en los tres siguientes, cuando aún militaba en el Almería, recibió siete. El fichaje de Diego Alves por el Valencia no frenó la fijación de Messi por batir al guardameta brasileño. Nueve goles más en otros seis partidos, con una exhibición memorable del delantero culé el 19 de febrero de 2012 (Messi marcó cuatro goles al Valencia de Diego Alves en el Camp Nou).

ANTES DE OCHO SEGUNDOS

Joseba Llorente es el autor del gol más tempranero en un partido de Primera desde que se tiene constancia cronometrada (más o menos los últimos treinta años). El delantero guipuzcoano se sirvió de una jugada ensayada con su compañero Víctor, a partir del saque de centro, y de un error del defensa Marc Torrejón para marcar a los siete segundos y cuatro décimas de que se pusiera el balón en movimiento en el Valladolid-Espanyol disputado el 20 de enero de 2008.

Los dos siguientes tantos más tempraneros de Primera, ambos marcados antes de cumplirse los ocho segundos, llegaron después de hacer el saque inicial el equipo que acabó recibiendo el gol. Así sucedió en el Almería-Valencia del 27 de marzo de 2014 (gol del maliense Keita a los 7,7 segundos) y en el Málaga-Valladolid del 10 de diciembre de 2000 (gol del uruguayo Darío Silva a los 7,9 segundos).

ABRIR LA LATA

Se da por buena la opinión de que el primer gol es el más decisivo en un partido de fútbol. Seguramente, es una apreciación acertada. Pues hay cuatro jugadores que marcaron el primer gol en trece partidos de una Liga de la Primera División española.

Hugo Sánchez marcó el primer gol en trece de los cuarenta y cuatro partidos de Liga jugados por el Madrid en la temporada 1986-87 (su equipo cosechó diez victorias, dos empates y una derrota en esos encuentros). Manolo hizo lo mismo en los treinta y ocho partidos del Atlético de Madrid en la Liga 1991-92 (nueve victorias, dos empates y dos derrotas del equipo rojiblanco en esos encuentros).

Ya en la temporada 2014-15, tanto Cristiano Ronaldo como Aduriz marcaron el primer gol en trece partidos de Liga. El Madrid cosechó once victorias, un empate y una derrota cuando Cristiano Ronaldo abrió el marcador en la última Liga. El Athletic cosechó ocho victorias, tres empates y una derrota cuando Aduriz marcó el primer gol.

TRESCIENTAS TREINTA Y CUATRO VICTORIAS DE CASILLAS

Se barruntaba que podía ser su último partido en el Madrid después de tres extrañas temporadas en las que había pasado de ser ídolo indiscutido a blanco de polémica. Casillas se despidió de la Liga española y del club de sus amores en un intrascendente Madrid-Getafe de la última jornada del curso 2014-15 disputado el 23 de mayo de 2015. Le hubiese gustado marcharse en mejores condiciones y dejando su puerta a cero, pero, aunque recibió tres goles, logró establecer el récord de victorias en Primera.

El triunfo ante el Getafe fue el 334 que conseguía el Madrid en Liga con Casillas de portero. El guardameta de Móstoles, en 510 partidos, superó la marca dejada desde 1998 por Zubizarreta, que, en 622 encuentros, llegó a 333 victorias, repartidas con el Athletic (90), con el Barcelona (177) y con el Valencia (66).

TREINTA Y DOS VICTORIAS DE CRISTIANO

La vigencia del récord de victorias de Casillas en Primera (334) dependerá en gran medida de la continuidad en sus clubes de los jugadores de Barça y Madrid que están viviendo desde dentro la época de gran dominio de los dos clubes en la última década. Especialmente, Dani Alves, Iniesta, Messi y Sergio Ramos, que han superado hace tiempo la barrera de los doscientos triunfos.

Más raro sería que algún jugador batiese el récord de victorias en una Liga que estableció Cristiano Ronaldo en 2011-12. Iker Casillas y Víctor Valdés llegaron a treinta y una un par de años antes, pero el delantero portugués superó esa cifra al ser el único jugador que disputó con el Madrid todos los partidos de aquel torneo y, obviamente, participó en las treinta y dos victorias conseguidas por el equipo blanco dirigido entonces por Mourinho. Tiene pinta de que las ligas de cien puntos y treinta y dos victorias son agua pasada, afortunadamente.

SIN JUGAR EN MADRID O BARÇA

Donato ya no es el extranjero con más victorias en la Primera española (ya le han adelantado Dani Alves y Messi), pero sigue siendo el jugador con más triunfos ligueros sin haber jugado en el Real Madrid o en el Barcelona. Donato ganó 235 de sus 466 partidos en Primera. Fueron 83 victorias en 163 partidos en el Atlético de Madrid, y 152 victorias en 303 partidos con el Deportivo. Donato ocupa el vigésimo

puesto en la clasificación de victorias en Primera. Los diecinueve primeros jugaron en Madrid o Barça.

Para encontrar otro futbolista en la lista que jamás militara
en los dos clubes más poderosos del fútbol español hay que llegar al trigésimo puesto, donde aparece Jesús María Zamora,
que sin salir de la Real Sociedad ganó 208 partidos de Primera.
Más abajo (puesto treinta y seis) figura Górriz, paisano y compañero de Zamora en el equipo donostiarra, con 203 triunfos.
A continuación salen los nombres de Fran (202 victorias con el
Deportivo) y Gaínza (199 con el Athletic).

PEPE *WIN*

Entre los cerca de mil ochocientos jugadores que han disputado
más de cien partidos en la historia de Primera, es decir, entre
aquellos que ya han tenido una trayectoria lo suficientemente
larga para hacer valoraciones al respecto, Pepe tiene el porcentaje más alto de victorias: 77,8%. El defensa brasileño nacionalizado portugués, tan macarra en ocasiones y siempre necesario para el Madrid de los últimos años, ha ganado 158 de sus
203 partidos en la Liga española.

Pepe también es el jugador que ha necesitado menos partidos para alcanzar las cien victorias en Primera. Apenas 124, dos
menos que Busquets y Cristiano Ronaldo. Los que necesitaron
menos partidos para llegar a las doscientas victorias en Primera son los barcelonistas, y grandes figuras del fútbol moderno, Messi (265) e Iniesta (288). El madridista Casillas llegó
a las trescientas victorias en Primera en solo 463 partidos.

IBEAS, BERMEJO Y CORONA

El defensa burgalés Ibeas es el jugador, entre los que han disputado más de cien partidos en la historia de Primera, con el
porcentaje más bajo de victorias. Ibeas solo ganó el 19% de sus
encuentros en la máxima categoría: 32 de 161. Jugó seis temporadas en Primera: tres con el Castellón (9 victorias en 70
partidos) y tres con el Murcia (23 victorias en 91 partidos). Sufrió tres descensos: con el Castellón en 1982 y en 1991 y con el
Murcia en 1989.

Evidentemente, el paso de Ibeas por Primera no fue un camino de rosas. Tardó doce partidos en conseguir su primer triunfo (un sonado 3-0 al Atlético en el viejo Castalia). El defensa burgalés solo ganó veintitrés de sus cien primeros partidos en la máxima categoría, pero en esto no es el peor. Mario Bermejo, delantero cántabro que colgó las botas en 2014, es el jugador que logró menos victorias (20) en sus cien primeros partidos en Primera. No obstante, el jugador que necesitó menos partidos para alcanzar las cien derrotas en Primera fue el talaverano Corona (197), seguido por Arsenio Iglesias (200) y Barla (200).

CIENTO SETENTA Y OCHO DERROTAS DE ESNAOLA

El récord de derrotas en Primera está en poder del portero guipuzcoano José Ramón Esnaola. El guardameta de Andoáin desarrolló una amplia y buena carrera profesional. De hecho, cuando dejó el fútbol en 1985, con treinta y nueve años, Esnaola era el jugador con más partidos disputados en la historia de Primera tras superar la marca de su paisano y colega Iribar. Con tanto partido (469: 166 con la Real Sociedad y 303 con el Betis), Esnaola cosechó 186 victorias, 105 empates y 178 derrotas en la máxima categoría. En derrotas también superó la marca de Iribar; desde entonces, es el futbolista que ha perdido más partidos en Primera.

En los últimos años se han acercardo Puñal (174) y Tamudo (173), pero no han podido alcanzar el registro del guardameta de Andoáin. Eso sí, el osasunista Puñal se quedó con el récord de derrotas en Primera con el mismo equipo.

VEINTICINCO DERROTAS EN UNA LIGA

Tres jugadores comparten el récord de derrotas en una Liga de Primera. El serbo-bosnio Nebojsha Gudelj, el madrileño Martín Vellisca y el barcelonés Joan Barbará llegaron a perder veinticinco partidos en una Liga porque jugaron muchos partidos en equipos que sufrieron muchas derrotas. Así fue con el C. D. Logroñés de la temporada 1994-95, que perdió 27 partidos (en 25 con la participación de Gudelj). Así fue con el Salamanca de la temporada 1995-96, que perdió 25 partidos (en todos con la participación de Barbará). Así fue con el Salamanca de la temporada 1998-99, que perdió 25 partidos (en todos con la participación de Vellisca).

DE ÁLEX FERNÁNDEZ A BUTRAGUEÑO Y DE GUNINO A CAREAGA

La lamentable temporada del Sporting de Gijón en 1997-98 provocó que uno de sus jugadores fijara el récord de partidos sin ganar en una Liga de Primera. El gijonés Álex Fernández disputó veintiséis encuentros de la Liga 1997-98 y no ganó ninguno: siete empates y diecinueve derrotas. Tuvo la mala suerte de no participar en las dos victorias del Sporting en el torneo.

Álex Fernández logró cinco triunfos en Primera en otras temporadas (tres con el Sporting en 1996-97 y dos con el Alavés 1998-99), algo de lo que no puede presumir el uruguayo Adrián Gunino, que jugó veintitrés partidos, todos con el Córdoba en la Liga 2014-15. Gunino cosechó siete empates y sufrió dieciséis derrotas. Es el futbolista que ha disputado más partidos en Primera sin ganar ninguno.

En el polo opuesto está el bilbaíno Alfonso Careaga que es, desde 1930, el futbolista que ha disputado más partidos en Primera sin perder ninguno. Careaga solo jugó con el Athletic en la Liga 1929-30, aquella que completó el equipo vasco sin derrotas, en dieciocho jornadas. Careaga fue un jugador importante en esa campaña para el Athletic. Disputó quince partidos, con once victorias y cuatro empates. Como no volvió a jugar en Liga, su corta trayectoria en Primera quedó inmaculada.

Emilio Butragueño es el jugador que ha disputado más partidos en una Liga de Primera sin perder ninguno. El delantero que dio nombre a la quinta del Buitre jugó treinta y tres encuentros de Liga en la temporada 1988-89 y no probó el amargo sabor de la derrota (veintidós victorias y once empates).

El Real Madrid, en el núcleo duro de su época hegemónica de finales de los años ochenta, solo perdió un partido en la Liga 1988-89. Fue el 15 de abril de 1989, en la vigésimo novena jornada, con el título bien encaminado (tenía cuatro puntos de ventaja sobre el Barcelona) y con los cinco sentidos puestos en su eliminatoria de Copa de Europa ante el Milán. Perdió en Vigo ante el Celta por 2-0, con dos goles de Amarildo. Pero ese partido no lo disputó un renqueante Butragueño, que pudo cerrar la Liga sin derrotas en sus treinta y tres encuentros.

ENTRE BUSQUETS Y ABEL

Sergio Busquets es el jugador, entre los que han disputado más de cien partidos en la historia de Primera, con el porcentaje más bajo de derrotas. El centrocampista culé solo ha perdido el 7,9% de sus encuentros en la máxima categoría: 18 de 227. Con 175 victorias (77,1%) y 34 empates.

El debut de Busquets en el Barcelona coincidió con la mejor época del equipo azulgrana. Su aportación ha resultado fundamental en los repetidos éxitos del Barça desde 2008. Y la conjunción de los factores colectivo e individual ha propiciado que Busquets solo haya sufrido dieciocho derrotas en sus ocho primeras temporadas en Primera.

Contemporáneo de Busquets es el jugador, entre los que han disputado más de cien partidos en la historia de Primera, con el porcentaje más alto de derrotas. Se trata del sevillano Abel Gómez, que perdió 59 de sus 102 encuentros en la máxima categoría, casi un 58% de derrotas. Abel ha jugado en cuatro equipos de Primera: Murcia 2007-08, Xerez 2009-10, Granada 2011-12 y Córdoba 2014-15. Todos bajaron a Segunda, excepto el Granada, que se salvó en la última jornada. El centrocampista sevillano solo ganó veintidós partidos en Primera.

SONG TREINTA Y UNO

Alexandre Song no cumplió con las expectativas en el Barcelona, que pagó casi veinte millones de euros al Arsenal para fichar al internacional camerunés en 2012. Pero dejó un récord en la Liga española. Song es el jugador que ha debutado en Primera con más partidos sin perder (31). Logró veintinueve victorias y dos empates hasta que sufrió su primera derrota el 22 de febrero de 2014, en Anoeta. El Barcelona perdió en feudo donostiarra por 3-1, en un partido que empezó a torcerse en el minuto treinta y dos por un gol de Song en propia puerta. El camerunés batió el registro de Roberto Carlos, que en la temporada 1996-97 cosechó dieciséis victorias y ocho empates con el Real Madrid antes de sufrir su primera derrota en Vallecas (1-0 en la vigésimo quinta jornada).

Al contrario que Song, dos jugadores debutaron en Primera con veintitrés partidos sin ganar. El primero fue *Manolet*, alias del alicantino Vicente López Barberá. Después de cuatro temporadas en Segunda con el Murcia, hizo su aparición en Primera jugando once partidos con el Granada en la Liga 1960-61, con dos empates y nueve derrotas. Volvió a jugar tres años en Segunda, ahora con el Granada, antes de regresar a Primera en las filas del Oviedo para jugar la Liga 1964-65. Con el equipo asturiano, antes de cantar victoria ante el Zaragoza el 7 de marzo de 1965, cosechó dos empates y diez derrotas. Es decir, *Manolet* sumó cuatro empates y diecinueve derrotas en Primera hasta lograr su primer triunfo.

El segundo jugador que debutó en Primera con veintitrés partidos sin ganar fue, obviamente, el uruguayo Adrián Gunino, con sus siete empates y dieciséis derrotas con el Córdoba en la Liga 2014-15.

CORTÉS Y SECO

El lateral derecho David Cortés es el jugador de campo que ha disputado más partidos en Primera sin marcar un gol. El zaguero extremeño llevó el récord en 2012 hasta 273. No hubo manera de que Cortés (sin contar dos en propia puerta) marcara un gol en la máxima categoría después de 123 partidos en el Mallorca, 106 en el Getafe, 34 en el Hércules y 10 en el Granada.

Le dejaron tirar un penalti en un intrascendente Getafe-Betis de la última jornada de la temporada 2007-08, pero Doblas se lo paró. Un año más tarde, en un Getafe-Villarreal, lanzó un disparo al palo. Nada. Y, ya puestos, el lateral extremeño siguió su camino para superar el registro del central De Felipe, que hasta la aparición de Cortés era el jugador de campo con más partidos disputados en Primera sin marcar (248: 126 en el Madrid y 122 en el Espanyol).

GOLEADOR ACCIDENTAL

Otro central del Madrid, *Hacha Brava* Gregorio Benito, sigue siendo el jugador no portero que tardó más partidos de Primera en marcar su primer gol. Benito ponía sus cinco sentidos en defender la portería blanca, aunque para ello tuviera que recurrir a una argucia muy en boga en los años setenta: provocar el pánico de los delanteros rivales. Pero, en una de estas, casi diez años después de su debut liguero, Benito subió a rematar un córner, ya a la desesperada en un partido ante el colista, y marcó de cabeza el gol del triunfo del Madrid en Huelva el 25 de marzo de 1979. Era su partido 265 en Primera.

No paró ahí. A la temporada siguiente, ya con treinta y tres años, marcó dos goles más, ambos también de córner y decisivos: el primero sirvió para que el Madrid venciera al Oporto en el Bernabéu y se clasificara para cuartos de final de la Copa de Europa; el segundo valió para que el equipo blanco empatara en Salamanca y siguiera su tenaz codo a codo con la Real en la Liga. Benito se retiró en 1982 después de jugar 419 partidos en el Madrid y con sus tres golitos.

TRESCIENTOS CUARENTA Y UN PARTIDOS SIN MARCAR

A Ricardo Arias le pasó lo contrario que a Benito. Anotó dos goles en Primera con veintiún años, uno en Mestalla ante el Sevilla y otro en el Bernabéu; no volvió a marcar en la máxima categoría, aunque estuvo jugando hasta cumplir los treinta y cinco años. Para entonces, el defensa valenciano tenía dos récords en Primera. El de amonestaciones, porque tampoco era un angelito, con noventa y dos, que luego fueron superando los también centrales Juanito, Patxi Salinas, Hierro y Lopo. Y el de partidos seguidos sin marcar, todavía vigente.

Porque Arias no marcó en sus 341 últimos partidos en Primera, desde que anotó en el Bernabéu el 3 de septiembre de 1978 hasta que cerró su periplo en el Tenerife-Valencia del 19 de abril de 1992.

PEÑA DE PUCELA

Sacando punta al asunto, el boliviano José Manuel Peña es el jugador de campo que más partidos de Primera ha disputado en el mismo equipo sin marcar un gol. Peña llegó a la Liga española en el mercado invernal de la temporada 1995-96 para reforzar al Valladolid de Benítez, que a la postre tuvo que echar mano de su entrenador talismán, Cantatore, para seguir en Primera. El Valladolid siguió ocho temporadas más en la élite, hasta que, cuando menos lo esperaba, bajó a Segunda en 2004. Peña seguía sin marcar en la Liga española, tras 249 partidos en el equipo castellano.

Con el descenso, dejó el Valladolid y fichó por el Villarreal. Y, cosas de la vida, el boliviano apenas necesitó nueve partidos para marcar su primer (y único) gol en Primera, ante el Málaga en El Madrigal el 19 de diciembre de 2004.

CINCO DESCENSOS

Cuatro jugadores han descendido cinco veces a Segunda: Loureda, Martínez, Mejías y De Quintana. El coruñés Loureda estaba en la montaña rusa que fue el Deportivo en los años sesenta y setenta, y bajó a Segunda en 1963, 1965, 1967, 1970 y 1973 (también logró cuatro ascensos a Primera e incluso bajó a Tercera en 1974).

El burgalés José Martínez sufrió dos descensos con el Valladolid (1961 y 1964) y tres con el Málaga (1966, 1969 y 1975), compensados en parte con cuatro ascensos a Primera. El gaditano Pepe Mejías bajó con el Cádiz (1978, 1982 y 1984), el Real Murcia (1989) y el Rayo Vallecano (1990), con tres ascensos a Primera.

El gerundense De Quintana descendió a Segunda con cuatro equipos: Osasuna (1994), Rayo (1997 y 2003), Mérida (1998) y Cádiz (2006); más tres descensos a Segunda B con el Figueres (1993), el Mérida (2000, administrativo) y el Cádiz (2008, y se retiró).

CUATRO DESCENSOS SEGUIDOS

Jorge Roberto Larraz, delantero ecuatoriano nacido en Argentina en 1937, es el único jugador que ha sufrido cuatro descensos seguidos a Segunda. Llegó a Las Palmas en 1957, con veinte años, y en 1960 sufrió con el equipo canario su primer descenso. Se fue a Granada para disputar la Liga 1960-61 y su equipo también quedó en última posición.

Siguió en el Granada, en Segunda, pero a mitad de Liga se fue al Tenerife, que estaba disputando su primera temporada en Primera. El Tenerife también quedó último con Larraz.

Volvió al Granada, que seguía en Segunda, pero el Deportivo, tentando la suerte, contrató al delantero ecuatoriano con la Liga 1962-63 ya empezada. El resultado era de suponer: el Deportivo también descendió, como antepenúltimo y tras jugar una eliminatoria por la permanencia, pero bajó.

SIETE GOLES EN UN PARTIDO

Bata y Kubala son los jugadores que han marcado siete goles en un partido de Primera. Bata, apodo de Agustín Sauto Arana, nacido en Baracaldo en 1908, aprovechó la orgía del 12-1 del Athletic al Barça del 8 de febrero de 1931 para ser el primero en marcar siete goles en un partido de Primera. Kubala, la gran estrella del Barcelona en los años cincuenta, nacido en Budapest en 1927 e internacional con las selecciones de Hungría, Checoslovaquia y España, marcó siete goles en su undécimo partido en la Liga española, en el 9-0 al Sporting en Les Corts del 10 de febrero de 1952 (Kubala ya había marcado cinco goles al Celta en su sexto partido).

Tres jugadores marcaron seis goles en un partido de Primera: César con el Granada (al Castellón el 22 de marzo de 1942), Mundo con el Valencia (al Betis el 28 de febrero de 1943) y Zarra con el Athletic (al Lleida el 19 de noviembre de 1950).

CINCO GOLES POR PARTE

Kubala, en el mencionado partido con el Sporting de 1952, marcó los cinco últimos goles del Barcelona, todos en los veinte últimos minutos del segundo tiempo. Kubala fue el segundo jugador, y último, en marcar cinco goles en la segunda parte de un encuentro de Primera. Anteriormente lo había conseguido Mundo en el 8-3 del Valencia al Betis de 1943.

Más difícil es marcar cinco goles en el primer tiempo. Tanto es así que solo un futbolista puede presumir de haberlo logrado en un partido de Primera. Se trata del navarro Julián Vergara, que vivió su momento de gloria el 16 de febrero de 1936 en la goleada del Osasuna al Espanyol (6-1), con cinco dianas entre los minutos 15 y 43. Dos meses más tarde, el Osasuna bajó a Segunda y a los cinco meses , estalló la guerra civil. Y, claro, la prometedora carrera de Vergara quedó truncada.

CUATRO GOLES EN OCHO MINUTOS

Si Kubala es el jugador que necesitó menos minutos (veinte) para marcar cinco goles en un partido de Primera, el brasileño Bebeto logró un póker galáctico ante el Albacete el 1 de octubre de 1995. Ese día, poco después de las seis y media de la tarde, Bebeto entró en trance y marcó cuatro goles en los ocho últimos minutos para desesperación del portero Fernando Marcos, que no sabía cómo detener aquel vendaval que entró en la historia del fútbol español.

Lo detuvo el colegiado Fernández Marín señalando el final del encuentro; nos privó de saber qué habría pasado si la contienda hubiera durado un poco más. Bebeto ya había marcado el primer gol del partido, en el minuto dos; así, es desde entonces también el único jugador que ha marcado los cinco goles de un 5-0 en Primera.

CUATRO GOLES Y DERROTA

Otros cuatro goles pasaron a la historia el 21 de marzo de 1998. Vieri es desde entonces el único jugador que ha logrado un póker de Primera con derrota de su equipo. Porque el Atlético de Madrid, pese al extraordinario acierto rematador de su ariete italiano, perdió increíblemente en el estadio Helmántico de Salamanca por 5-4. Vieri marcó el 0-1, el 2-2, el

4-3 y el 4-4, pero el choque se resolvió con un gol de Edu Alonso en el último minuto después de que su compañero Gabriel Popescu hubiera mantenido a flote a la Unión con un triplete. Vieri se agarró tal enfado que pensó en marcharse *ipso facto* del Atlético de Madrid (en realidad, lo hizo cuatro meses más tarde).

El melodrama de Vieri no era nuevo para el equipo rojiblanco, que un año antes había perdido un partido de Copa en el Camp Nou también por 5-4 con cuatro goles de Pantić, que no se tomó tan mal la derrota.

TRIPLETE MÁS JOVEN

José, *el Chato*, Iraragorri debutó en Primera el 5 de enero de 1930, en San Mamés y ante el Real Unión. Era una promesa que míster Pentland quería poner a prueba cuanto antes. Tardó dos semanas en marcar su primer gol (al Atlético de Madrid); tras una breve e intensa cuarentena, explotó definitivamente en Atocha el 16 de febrero. Marcó tres goles a la Real: desde entonces es el jugador más joven en lograr un triplete en Primera: diecisiete años y trescientos treinta y siete días.

No contento con eso, una semana más tarde, marcó cuatro goles al Espanyol. Iraragorri ya fue indiscutible en el dominante Athletic hasta que la Guerra Civil hizo que se exiliara en Argentina y México. Regresó con treinta y cuatro años y volvió a jugar hasta 1949 en el Athletic, del que se hizo entrenador sin solución de continuidad. Pero eso ya es otra historia.

GOL Y DOBLETE MÁS JOVEN

El Málaga C. F. reunió en sus filas, durante poco tiempo, eso sí, a los jugadores más jóvenes en marcar un gol y un doblete en Primera. El camerunés Fabrice Olinga protagonizó el debut soñado: gol en la primera jornada de la Liga 2012-13, en Balaídos, con 16 años y 98 días: jugador más joven en marcar en Primera y quinto más joven en debutar en la categoría. Dos meses después también marcó en el debut con su selección, con 16 años y 155 días. No ha vuelto a marcar un gol.

Juanmi también marcó en su debut con el Málaga (en Copa, con 16 años y 238 días), pero esperó unos meses para dejar el récord del doblete más joven en Primera en 17 años y 155 días, con los dos goles que anotó en La Romareda de Zaragoza el 12 de septiembre de 2010.

GOLEADORES MÁS VIEJOS

Las marcas de goles de los más jóvenes en Primera son difíciles de batir. Tampoco están mal los récords de los goles de los más viejos. Solo hay que echar un vistazo a este apartado.

El jugador más viejo en marcar un gol en Primera es Donato desde el 17 de mayo de 2003: tenía 40 años y 138 días cuando lo hizo en el partido Deportivo-Valencia.

El jugador más viejo en lograr dos goles en un partido de Primera es Juan Vázquez desde el 31 de diciembre de 1950: tenía 38 años y 170 días cuando los marcó en el partido Celta-Lleida.

El jugador más viejo en lograr un triplete en un partido de Primera es Di Stéfano desde el 15 de marzo de 1964: tenía 37 años y 255 días cuando lo consiguió en el partido Real Madrid-Murcia.

TRIDENTE LIGUERO

El trío más goleador en una Liga de Primera se reunió en el Real Madrid en la temporada 2011-12. Entre Cristiano Ronaldo (46), Higuaín (22) y Benzema (21) lograron 89 de los 121 goles de su equipo en el torneo. Y eso que no fue un tridente al uso.

Los tres solo fueron titulares a la vez en seis encuentros (de 38 jornadas) y solo coincidieron en el campo en 605 minutos (de 3.420 totales). De los tres, Cristiano Ronaldo fue el que jugó casi siempre (3.349 minutos), mientras que Benzema (2.239) e Higuaín (1.715) se repartieron el tiempo a discreción de Mourinho.

Los tres marcaron a la vez en seis partidos de la Liga 2011-12 y el Madrid consiguió 27 goles en los 605 minutos en los que coincidieron en el campo. Para valorar este récord basta añadir que ningún equipo, salvo Madrid y Barça, ha marcado 89 goles en una Liga de Primera.

TRIDENTE GLOBAL

Cristiano Ronaldo, Higuaín y Benzema marcaron 89 goles en la Liga 2011-12 y llegaron a los 118 en todas las competiciones que disputó el Madrid en aquella temporada. La primera marca sigue vigente, pero la segunda ha sido superada por el tridente formado en el Barça por Messi, Neymar y Suárez. El trío de delanteros titulares del equipo azulgrana, en su primera temporada juntos, llegó a la fabulosa cifra de 122 goles, repartidos así: 58 de Messi, 39 de Neymar y 25 de Suárez. Por torneos: 81 en Liga, 27 en Copa de Europa y 14 en Copa.

Evidentemente, fueron la base de los éxitos del Barça 2014-15. Luis Enrique, salvo excepciones, empleó a los tres jugadores a la vez desde que Luis Suárez cumplió a finales de octubre de 2014 la sanción que arrastraba desde el Mundial de Brasil.

Messi marcó 43 goles en Liga, diez en Copa de Europa y cinco en Copa. Neymar marcó 22 goles en Liga, diez en Copa de Europa y asiete en Copa. Suárez marcó 16 goles en Liga, siete en Copa de Europa y dos en Copa.

Messi (48), Suárez (48) y Neymar (41) también establecieron en 2015 el récord goleador de un tridente en un año natutal: 137 dianas con el Barça en 2015. Superaron los 108 goles marcados con el Madrid en 2014 entre Cristiano Ronaldo (56), Benzema (28) y Bale (24).

TRIDENTE EUROPEO

Entre Messi, Neymar y Suárez marcaron veintisiete goles para que el Barcelona conquistara en 2015 su quinta Copa de Europa. Lograron nada menos que el 87% de los goles de su equipo en el torneo (27 de 31). Pero se quedaron a un gol de la mejor cifra de un tridente en una edición de la Liga de Campeones.

Un año antes, entre Cristiano Ronaldo (17), Bale (6) y Benzema (5) marcaron veintiocho goles en el Madrid que ganó la Copa de Europa en 2014. El tridente blanco tuvo menos influencia que el azulgrana (marcó el 69% de los goles de su equipo).

De hecho, fue el central Sergio Ramos el jugador que marcó los goles decisivos del Madrid en el torneo, pero los veintiocho goles conseguidos por Cristiano, Bale y Benzema en 2014-15 tienen pinta de ser una marca difícil de batir.

TRES CON VEINTE GOLES

El único equipo que contó con tres jugadores que marcaran veinte goles o más en una Liga de Primera fue el Real Madrid en 2011-12: Cristiano Ronaldo (46), Higuaín (22) y Benzema (21).

Ocho parejas lograron llegar a esas cifras en diferentes equipos. El Valencia, en la temporada 1941-42, unió el acierto de Mundo (27 goles) y Gorostiza (20). El Barcelona, diez años más tarde, contó con Kubala (26) y César (23). Di Stéfano y Puskás, la pareja goleadora por excelencia, lograron la hazaña en dos ocasiones: en 1958-59 (23 goles de Di Stéfano y 21 de Puskás) y 1960-61 (28 de Puskás y 21 de Di Stéfano). Los también madridistas Šuker (24) y Raúl (21) superaron al alimón la cifra de 20 goles en el curso 1996-97. Nihat (23) y Kovačević (20) sorprendieron en la Real subcampeona de 2002-03. Eto'o y Messi (30 + 23) llegaron a los 53 goles con el Barça en 2008-09, lo mismo que Higuaín y Cristiano (27+26) con el Madrid en 2009-10. Y para rematar esta serie de selectas parejas llegamos a Messi (43) y Neymar (22) en 2014-15.

ABUSO DE MESSI Y CRISTIANO

Messi y Cristiano Ronaldo, impulsados por unos clubes que llevan años generando un potencial ofensivo sin parangón en el fútbol moderno, tienen los seis mejores registros goleadores en una Liga de Primera. Hasta 2010, los 38 goles de Zarra en la temporada 1950-51 y de Hugo Sánchez en 1989-90 parecían una referencia sideral.

Pero Cristiano derribó el muro con 40 goles en 2010-11 y solo fue una señal de lo que su competencia con Messi iba a generar en lo sucesivo. En 2011-12, ambos jugadores marcaron 95 goles: 49 de Messi (récord de Primera) y 46 de Cristiano. En 2012-13, Messi volvió a pasar de los 40 goles: marcó 46 a pesar de lesionarse cuando faltaban dos meses para acabar la Liga. Y en 2014-15, después de «flojear» en 2013-14, volvieron a conseguir saltar la banca con 48 goles de Cristiano y 43 de Messi.

BATA BATA

Messi marcó 46 goles en la Liga 2012-13, en 2.621 minutos disputados, con su mejor promedio en el torneo. Logró un gol cada cincuenta y siete minutos. Dato sensacional, pero le faltó un poco para igualar a Bata, que tiene aún el mejor promedio de un máximo goleador de la Liga española.

El Athletic supergoleador de la temporada 1930-31, que superó la media de cuatro goles por partido en la Liga, tuvo en su ariete a un finalizador extraordinario a la altura de las circunstancias: marcó 27 goles en 1.530 minutos (un gol cada cincuenta y seis minutos). Bata jugó completos diecisiete de los dieciocho partidos del Athletic y sobre todo fue implacable en San Mamés (22 goles en su campo).

Cristiano Ronaldo logró su mejor promedio en la Liga 2014-15: 48 goles en 3.093 minutos jugados (un gol cada sesenta y cuatro minutos).

LÍDER MESSI

Messi, con su triplete al Sevilla el 21 de noviembre de 2014, adelantó a Zarra y se convirtió en el máximo goleador de la Liga española. Zarra marcó 251 goles en 277 partidos con el Athletic, entre 1940 y 1955. Messi necesitó 289 partidos para superar a Zarra, que fue máximo goleador desde el 15 de octubre de 1950, cuando marcó en La Rosaleda su gol 188 en Primera y sobrepasó a Mundo.

Trece jugadores han sido máximos goleadores en solitario de la Liga española: Prat (autor del primer gol liguero, con el Espanyol al Real Unión el 10 de febrero de 1929), Luis Regueiro (autor del primer doblete), Lazcano (autor de cuatro goles en la primera jornada de la primera Liga), Lafuente, Paco Bienzobas (máximo goleador de la primera Liga), Marín, Gaspar Rubio,

Urtizberea, Gorostiza (primer jugador que marcó cincuenta goles en Primera, en 1932), Bata (primer jugador que marcó cien goles en Primera, en 1936), Mundo, Zarra y Messi.

Por cierto, tres de los cinco máximos goleadores en la historia de Primera son zurdos: Messi, Hugo Sánchez y Raúl (Zarra era diestro, como Cristiano Ronaldo).

TREINTAÑERO PUSKÁS

El húngaro Ferenc Puskás es el único jugador que ha marcado más de cien goles en Primera después de cumplir los treinta años. En realidad, los 156 goles de Puskás en la Liga española fueron después de cumplir los treinta años. Porque el genio húngaro, considerado por la FIFA como el mejor goleador del siglo XX, empezó a jugar partidos oficiales con el Madrid con 31 años y 165 días, después de hincharse, ya desde niño (debutó con dieciséis años), a marcar goles con el Honvéd y con su selección, y después de superar dos años de sanción por escapar de su país al fracasar la revolución húngara de 1956.

Pese a la inactividad y a su deficiente forma física, Puskás volvió a convertirse en el Madrid en un goleador extraordinario hasta su retirada en 1966, ya con treinta y nueve años.

Otro cinco jugadores, entre los setenta y cinco con cien goles o más marcados en Primera, lograron más dianas después de cumplir los treinta años que antes de llegar a esa edad: dos extranjeros (Di Stéfano y Waldo) y tres españoles (Marañón, Carlos y Aduriz).

SETENTA Y CINCO CON CIEN

Setenta y cinco jugadores han marcado cien goles o más en la Primera División española. Cincuenta y siete españoles y dieciocho extranjeros.

Diecinueve provincias tienen algún representante en esta selecta selección de goleadores ligueros: Vizcaya (doce: Zarra, Mundo, Gorostiza, Julio Salinas, Dani, Panizo, Eneko Arieta, Gaínza, Bata, Arteche, Sarabia y Julen Guerrero), Guipúzcoa (seis: Igoa, Ansola, Epi, Aduriz, Lángara y Unamuno), Navarra (seis: Arza, Bakero, Satrústegui, Urzaiz, Marañón y Ziganda), Madrid (cinco: Raúl, Luis Aragonés, Escudero, Butragueño y Negredo), Asturias (cinco: Quini, Villa, Herrerita, Luis Enrique y Campanal), Cantabria (Santillana y Gento), Barcelona (Tamudo y Joaquín Murillo), Valencia (Fernando y Soldado), Castellón (Badenes y Pichi Alonso), Pontevedra (Pahíño y Hermida), Jaén (Araujo y Carlos), León (César), Palencia (Mariano Martín), Las Palmas (Campos), La Coruña (Amancio), Málaga (Fernando Hierro), Cáceres (Morientes), Lérida (Juncosa) y Álava (Uralde). Más Pirri (de la Ciudad Autónoma de Ceuta), Gárate (español nacido en Argentina) y López Ufarte (español nacido en Marruecos).

Los dieciocho extranjeros con cien goles o más marcados en la Primera española llegaron desde doce países: Argentina (Messi, Di Stéfano, Kempes e Higuaín), Brasil (Ronaldo, Waldo y Rivaldo), Hungría (Puskás y Kubala), Portugal (Cristiano Ronaldo), México (Hugo Sánchez), Camerún (Eto'o), Uruguay (Forlán), Paraguay (Re), Bulgaria (Penev), Bosnia-Herzegovina (Kodro), Croacia (Šuker) y Países Bajos (Makaay).

MÁS GOLES EN UN ESTADIO

Catorce jugadores han marcado más de cien goles en el mismo estadio en la historia de Primera: cinco en el Bernabéu (Di Stéfano, Puskás, Santilla, Raúl y Cristiano Ronaldo), dos en el viejo San Mamés (Zarra y Dani), dos en el viejo Nervión (Araujo y Zarra) y uno en Mestalla (Mundo), Les Corts (César), Metropolitano (Escudero), El Molinón (Quini) y Camp Nou (Messi).

Mundo, en 1946, fue el primero que llegó a los cien goles en un estadio, con el Valencia en Mestalla.

Zarra, a la espera de la evolución de los registros de Messi en el Camp Nou y de Cristiano Ronaldo en el Bernabéu, sigue siendo el máximo goleador de Primera en un estadio, con sus 176 goles en el viejo San Mamés.

MÁS GOLES EN UN ESTADIO EN UNA LIGA

El récord particular de goles marcados en un estadio en una Liga de Primera lo tiene Messi desde la temporada 2011-12, cuando anotó 35 tantos en los dieciocho partidos que disputó con el Barcelona en el Camp Nou. Marcó cuatro goles a Valencia y Espanyol, tres goles a Osasuna, Atlético, Mallorca, Granada y Málaga, dos goles a Villarreal, Racing y Betis, y un gol a Zaragoza, Levante, Rayo Vallecano, Real Sociedad, Athletic y Getafe. No marcó al Sevilla (Javi Varas le detuvo un penalti en el último minuto), al Sporting (no jugó) y al Real Madrid (en un partido decisivo para el título que acabó con victoria visitante).

Messi batió en 2011-12 las marcas que habían dejado Zarra y Baltazar, que consiguieron 27 goles con el Athletic en 1950-51 y con el Atlético en 1988-89, respectivamente, uno en el viejo San Mamés y otro en el Vicente Calderón. El mejor registro de Cristiano Ronaldo en el Bernabéu es de 26 goles en la Liga 2010-11.

MÁS GOLES FUERA EN UNA LIGA

Dani Güiza, el último pichichi español, batió en 2007-08 el récord de goles como visitante en una Liga de Primera. El delantero jerezano marcó a domicilio 19 de los 27 tantos que consiguió con el Mallorca de Manzano. Pero luego llegaron las descomunales marcas de Messi y Cristiano Ronaldo para borrar el registro de Güiza.

El delantero portugués del Real Madrid marcó 23 goles como visitante en la Liga 2011-12, número que repitió en 2014-15. Pero Messi dejó a todos por detrás con sus 24 goles en la Liga 2012-13. El delantero argentino llegó a marcar en doce salidas seguidas de esa Liga.

Y, además, estableció también el récord de goles a domicilio de un jugador en una temporada en el fútbol de élite español, con 32 dianas (24 en Liga, 3 en Copa, 1 en Supercopa y 4 en Copa de Europa).

PORTEROS GOLEADORES

Seis porteros han marcado goles en la Primera española. El primero fue Juan José Santamaría, con el Racing al Atlético, el 14 de marzo de 1976: marcó de penalti a Reina en los viejos Campos de Sport. El segundo fue el argentino Fenoy, que marcó seis goles, todos de penalti: cinco con el Celta en 1976-77 (increíble máximo goleador del equipo) y uno con el Valladolid en 1984-85.

El tercero fue el paraguayo Chilavert, con el Zaragoza, en La Romareda, ante la Real en 1990 (fue el segundo de los 62 goles que marcó Chilavert en su carrera; se puso tan contento que se olvidó de volver rápido a la portería y Goikoetxea goleó tras el saque de centro).

El cuarto fue Prats, con dos goles con el Betis en 1999-2000: uno al Atlético (a Molina) de falta indirecta que tropezó en un defensa y otro de falta directa en el Bernabéu (a Casillas).

El quinto fue el argentino Nacho González, que, con Las Palmas, marcó los seis penaltis que lanzó (su paisano Fenoy marcó seis de ocho): dos en 2000-01 (ambos en El Sadar: único doblete de un portero en Primera) y cuatro en 2001-02.

El sexto fue Aranzubía, con el Deportivo en Almería el 20 de febrero de 2011 al rematar un córner en el último minuto (único gol de cabeza de un portero en la Liga española).

Casillas, mi portero desde Santander

por Tomás Guasch

Como por aquellos tiempos, 1997, no existía Real Madrid TV, de Iker Casillas sabían técnicos del Madrid, aficionados de la vieja ciudad deportiva, la gente del fútbol base madrileño y de la federación... Pocos más. Hoy la tele del club te permite saberlo casi todo de Borja Mayoral, vamos a suponer. Aquello era puro boca a boca.

Supe de la existencia de Casillas cuando se proclamó campeón de Europa Sub-16 aquel año y, al rato le convocaron para un partido de Champions League en Noruega (rival, el famoso Rosenborg) porque Illgner y Contreras estaban lesionados. Por aquellos días, en una comida muy madrileña, de esas que empiezan cerca de las dos y acaban pasadas las ocho mus mediante, el presidente Lorenzo Sanz comentó: «Ese porterito Iker viene muy bien. Creí que era vasco, pero es de Móstoles».

Pasaron dos años y llegó el Mundial Sub-20 de Nigeria. España jugaba su cruce de cuartos con Ghana y me pilló el partido en un restaurante de Santander donde me habían llevado labores propias de mi sexo. A la entrada, en lo alto, había una tele. Cuando llegamos mi mujer y yo estaban empatados. Pasamos al comedor y al rato, a los postres, el camarero informó: «Van a tirar penaltis, hemos empatado a uno».

La Montserrat, o sea ella, mi mujer, suspiró: «Vete a verlos...». Fui y asistí a mi primera sesión de Casillas/El Santo. Tenía diecisiete años, el titular era Dani Aranzubia, dos mayor. Aquella noche le tocó a Iker que nos clasificó: claro. Días después España se proclamó campeona del mundo. De camino al hotel, caminando por El Sardinero, me topé con el gran Marcos Alonso, Marquitos. Estaba loco de contento. «¿Has visto los penaltis, ese portero? Es nuestro y va a ser muy bueno».

Desde entonces fui un casillista convencido, redomado: pocos futbolistas me han hecho vibrar como él. He tenido la suerte de vivir en directo la mayoría de sus grandes momentos y pienso que en la historia de nuestro fútbol están Zamora, Iribar, Arconada y Casillas. Por títulos, Casillas, claro. Pero siempre pensé que ganar no lo es todo en el fútbol, en la vida. Hay más cosas. Está el cómo se gana y está lo que se deja cuando la persiana cae. En el Madrid, y en la selección cuando llegue su hora, hay y habrá un antes y un después de este portero descomunal. Madrileño y madridista: quién sabe si irrepetible. Tanto que cuesta elegir un momento de su trayectoria. Para mí, Glasgow, la Novena.

Por lo que paró y por mi vivencia personal en el viejo aeropuerto de la ciudad escocesa, después del partido. Cientos de personas nos agolpábamos con la intención de regresar a casa. Habría unos diez vuelos a Madrid y dos a Barcelona. El mío estaba programado para las tres de la madrugada. Llegué sin prisas, pronto supimos que nos esperaba un caos, que veríamos amanecer o algo más.

Buscaba un lugar donde sentarme cuando escuché una voz: «¡Tomás, aquí!». Era el padre de Iker, que se apoyaba en una butaca junto a Unai, el pequeño de la familia. Resultaba que su chico no iba a ser titular sino César Sánchez y en la familia Casillas-Fernández se abrió un debate: la madre no quiso viajar. No estaba dispuesta a sufrir por partida doble: por el Madrid y viendo a su hijo en el banquillo. Padre e hijo se animaron muy al final. Lo hicieron en la expedición de una peña madridista, de incógnito riguroso. Nadie del club supo de su presencia.

Iker lo paró todo aquella noche, huelga extenderse, en aquella final que fue/es el gol de Zidane y las paradas de Casillas al Bayer Leverkusen. Charlamos los Casillas y yo durante más de una hora hasta que en cosa de cinco minutos ellos volaron hacia Madrid y yo, a Barcelona. Me quedé con la última del padre: «A este —Iker, obviamente— no le baja ya nadie de la portería del Madrid».

Aquella final se jugó en mayo de 2000, un año después de los penaltis de Nigeria y Santander. Y hasta ahora que nos mira desde Oporto. El libro del gran Pedro Martín es historia de nuestro fútbol, es lo que se dice un libro de cabecera. En los dorsales del fútbol y sus números Pedro lleva el número 1. El de Casillas. ¡El más grande, oigan!

Preguntas de Jugadores

1. ¿Qué tres jugadores fichó el Real Madrid en 1931 procedentes del Alavés?

. . . .

2. ¿Qué jugador del Oviedo fue máximo goleador de Primera en las tres temporadas anteriores a la Guerra Civil?

. . . .

3. ¿Quién fue máximo goleador de la delantera *eléctrica* del Sevilla?

. . . .

4. ¿Qué jugador palentino marcó 30 goles con el Barcelona en la Liga 1942-43?

. . . .

5. ¿Qué jugador leonés era máximo goleador del Barcelona en partidos oficiales hasta la aparición de Messi?

. . . .

6. ¿Qué dos jugadores del Barcelona marcaron más de 20 goles en la Liga 1951-52?

. . . .

7. ¿Ante qué equipo debutó Di Stéfano en la Liga española?

. . . .

8. ¿Ante qué equipo debutó Cruyff en la Liga española?

. . . .

9. ¿Ante qué equipo debutó Maradona en la Liga española?

. . . .

10. ¿Ante qué equipo debutó Messi en Primera?

. . . .

11. ¿Qué cinco jugadores, todos internacionales, componían la famosa delantera del Athletic a finales de los años 40?

. . . .

12. ¿Quiénes fueron los cinco magníficos del Real Zaragoza?

· ·

13. ¿Qué jugador peruano fue máximo goleador en la Liga de la temporada 1961-62 con el Zaragoza?

· ·

14. ¿Cuántos años llevaba el Real Madrid sin ganar la Liga cuando fichó a Di Stéfano?

· ·

15. ¿Cuántos años llevaba el Barcelona sin ganar la Liga cuando fichó a Cruyff?

· ·

16. ¿Qué jugador del Granada fue máximo goleador de la Liga 1971-72?

· ·

17. ¿Qué jugador no pudo evitar el descenso a Segunda de su equipo a pesar de ser máximo goleador de la Liga 1975-76?

· ·

18. ¿Qué jugador argentino del Sevilla provocó con sus goles la única derrota de la Real Sociedad en la Liga 1979-80?

· ·

19. ¿Qué jugador marcó un gol en el último minuto de la última jornada de la temporada 1980-81 que dio el título de Liga a la Real Sociedad?

· ·

20. ¿Qué jugador del Barcelona fue secuestrado en el transcurso de la temporada 1980-81?

· ·

21. ¿A qué equipo pertenecía Hugo Sánchez cuando consiguió su primer pichichi?

· ·

22. ¿Qué jugador polaco marcó tres goles en el 0-4 conseguido por Osasuna en el Bernabéu el 30 de diciembre de 1990?

· ·

23. ¿Qué jugador cacereño fue máximo goleador de Primera en la Liga 1991-92?

· ·

24. ¿Quién fue el máximo goleador del Súper Dépor?

· ·

25. ¿Quién fue el máximo goleador del *dream team*?

. . . .

26. ¿Qué delantero egipcio ayudó al Celta a alcanzar la cuarta plaza en la Liga 2002-03?

. . . .

27. ¿Qué jugador croata del Real Valladolid marcó cuatro goles de penalti en un partido disputado en Oviedo el año 1996?

. . . .

28. ¿En qué equipo español jugó Rijkaard en 1988 antes de fichar por el Milán?

. . . .

29. ¿Qué campeón del mundo militó durante unos meses en el Zaragoza en 1995?

. . . .

30. ¿Qué jugador búlgaro fue máximo goleador de Primera en la década de los años 90?

. . . .

31. ¿Qué jugador del Athletic dio positivo en un control antidopaje en 2002?

. . . .

32. ¿Qué jugador del Betis fue máximo goleador en una Liga de Primera?

. . . .

33 ¿Quién fue, con apenas 7 goles, el máximo goleador del Valencia que ganó la Liga en 2002?

. . . .

34. ¿Quién es el jugador más viejo que ha marcado un gol en Primera?

. . . .

35. ¿Quién es el jugador más joven que ha marcado un gol en Primera?

. . . .

36. ¿Qué portero camerunés obtuvo el trofeo Zamora en la temporada 2002-03?

. . . .

37. ¿Qué portero belga obtuvo el trofeo Zamora en dos temporadas?

. . . .

38. ¿Qué jugador austriaco marcó 33 goles en la Liga 1989-90 y no fue máximo goleador?

. . . .

39. ¿Qué portero estuvo imbatido durante 1.274 minutos de juego en la Liga 1990-91?

. . . .

40. ¿Quién es el máximo goleador en la historia de Primera?

. . . .

41. ¿Qué jugador fue el primero en marcar 100 goles en Primera?

. . . .

42. ¿Qué jugador ha disputado más partidos en Primera?

. . . .

43. ¿Qué jugador fue el primero en disputar 100 partidos en Primera?

. . . .

44. ¿Qué jugador dio nombre a la *quinta del buitre*?

. . . .

45. ¿Qué dos jugadores húngaros han marcado más de 100 goles en la Liga española?

. . . .

46. ¿Qué jugadores de la Real Sociedad llegaron a los 20 goles en la Liga 2002-03?

. . . .

47. ¿Qué jugador del Espanyol marcó dos goles desde su campo en la Liga 2002-03?

. . . .

48. ¿Qué jugador de la Real Sociedad marcó dos goles desde su campo en la Liga de la temporada 2011-12?

. . . .

49. ¿Qué jugador brasileño ha marcado más goles en Primera?

. . . .

50. ¿Qué jugador uruguayo ha marcado más goles en Primera?

. . . .

Respuestas de Jugadores

1. Ciriaco, Quincoces
   y Olivares.
2. Isidro Lángara.
3. Campanal.
4. Mariano Martín.
5. César.
6. Kubala y César.
7. Racing.
8. Granada.
9. Valencia.
10. Espanyol.
11. Iriondo, Venancio, Zarra,
    Panizo y Gaínza.
12. Canário, Santos, Marce-
    lino, Villa y Lapetra.
13. Seminario.
14. Veinte.
15. Trece.
16. Porta.
17. Quini.
18. Bertoni.
19. Zamora.
20. Quini.
21. Atlético de Madrid.
22. Urban.
23. Manolo.
24. Bebeto.
25. Stoichkov.
26. Mido.
27. Peternac.
28. Zaragoza.
29. Cafú.
30. Penev.
31. Gurpegui.
32. Rincón.
33. Baraja.
34. Donato.
35. Fabrice Olinga.
36. Songo'o.
37. Courtois.
38. Polster.
39. Abel.
40. Messi.
41. Bata.
42. Zubizarreta.
43. Marculeta.
44. Butragueño.
45. Puskás y Kubala.
46. Nihat y Kovacevic.
47. Roger.
48. Íñigo Martínez.
49. Ronaldo.
50. Forlán.

Diez pistas para encontrar un presidente

1. Caja de Ahorros.
. . . .

2. 23 años.
. . . .

3. 0-4.
. . . .

4. La Condomina.
. . . .

5. Rández.
. . . .

6. Salud.
. . . .

7. Rangers.
. . . .

8. Cantera.
. . . .

9. Pedro María.
. . . .

10. Club deportivo.
. . . .

Respuesta

*L*a respuesta es Fermín Ezcurra, presidente de Osasuna durante 23 años. Accedió al cargo casi por imposición de la Caja de Ahorros de Pamplona, que quería una persona de confianza para cuidar del crédito concedido a Osasuna, club que por entonces malvivía en Tercera. La buena gestión de Fermín Ezcuerra hizo que Osasuna ('salud' en vasco) recuperase la vitalidad. Subió a Primera en 1980, con una recordada victoria en el campo de La Condomina con gol de Rández. El equipo navarro siguió creciendo con dos argumentos fundamentales: austeridad y cantera (las instalaciones de Tajonar fueron modélicas). En 1985 se clasificó para la Copa de la UEFA y eliminó al Rangers en la primera ronda remontando en El Sadar. Ya con Pedro María Zabalza como entrenador (estuvo siete años seguidos), el Osasuna de Ezcurra tocó su techo con una victoria por 0-4 en el Bernabéu, con el cuarto puesto liguero en 1991 y con la eliminatoria de octavos de final de la UEFA ante el Ajax. Después de lograr que Osasuna siguiera siendo un club deportivo, evitando en 1992 su conversión en sociedad anónima, llegaron los disgustos. El descenso a Segunda provocó la renuncia de Ezcurra en 1994

Epílogo

por PEPE DOMINGO CASTAÑO

*L*legas a la palabra fin con ganas de más libro. Vienes de un largo y documentado viaje de números y fechas. Te has sumergido con fruición en un intrincado y atractivo laberinto de estadísticas y datos. Has entrado con tu curiosidad por un montón de recuerdos y vivencias. Solo falta una sonrisa de niño grande, sobrevolándolo todo, para certificar que acabas de saborear y hacer tuyo un libro de Pedrito Martín.

Un libro lleno de él y de su bendita locura deportiva. Un libro con el que aprenderemos a situarlo todo en ese mapa enorme de la imaginación y la memoria. Un libro necesario para que no se mueran nunca ni los calendarios ni las historias. Un libro de los que uno debe tener siempre a mano para no tergiversar la verdad del deporte y su ubicación exacta en el tiempo. Me alegro de que Pedro lo haya logrado, porque de esa manera nunca se perderá toda la increíble sabiduría numérica que guarda este hombre en los recovecos de su mente.

Conocí a Pedro Martín en tiempos felices del *Carrusel*, cuando casi todas las ilusiones acababan de nacer, cuando nada hacía presagiar el terremoto profesional que iba a cambiar el rumbo de nuestros sueños. Y he viajado con él por la vida y por la radio admirándole y queriéndole un poquito más cada fin de semana. Ahora, en *Tiempo de Juego* y en Cope, le sigo teniendo a mi lado como el complemento más lúcido, y a la vez más rabiosamente discordante, de un programa de radio que se hace grande con sus cabreos, su sinceridad y su sabiduría. Y en sus ojitos de niño eterno reside el gran atractivo emocional de nuestro Pedro Martín, la mejor enciclopedia que tenemos para presumir de saberlo casi todo.

Este libro, que acabo de declarar leído y comprendido, es la prolongación de un hombre que tiene corazón de malagueño y alma de calendario. Se llama Pedro. Y sobre esta piedra edificamos cada semana un milagro de historia, de números, de fechas, de estadísticas, de curiosidades, de nombres, de preguntas y, sobre todo, de RADIO.

Este libro utiliza el tipo Aldus, que toma su nombre
del vanguardista impresor del Renacimiento
italiano Aldus Manutius. Hermann Zapf
diseñó el tipo Aldus para la imprenta
Stempel en 1954, como una réplica
más ligera y elegante del
popular tipo
Palatino

***

**

*

El gran libro de los récords
se acabó de imprimir
un día de invierno de 2016,
en los talleres gráficos de Liberdúplex, s.l.u.
Crta. BV-2249, km 7,4, Pol. Ind. Torrentfondo
Sant Llorenç d'Hortons (Barcelona)

***

**

*